Nikolaus von Jeroschin

Kronike von Pruzinlant · Chronik des Preußenlandes

DEUTSCHE BIBLIOTHEK DES OSTENS

Herausgegeben
von
Karl Konrad Polheim und
Hans Rothe

Nicolai

NIKOLAUS VON JEROSCHIN

Kronike von Pruzinlant
Chronik des Preußenlandes

In Auswahl herausgegeben mit
einer Übertragung ins Neuhochdeutsche
von
Achim Masser

Nicolai

In Verbindung mit der Kommission zum Studium der deutschen Geschichte und Kultur im Osten an der Universität Bonn

Lektorat: Carolin Hilker-Siebenhaar, Katrin Wiethege
Umschlagbild: Karl Friedrich Lessing, Heimkehrender Kreuzritter, 1826; Rheinisches Landesmuseum, Bonn
Satz: Mega-Satz-Service, Berlin
Druck und Bindung: Passavia GmbH, Passau

Printed in Germany
ISBN 3-87584-463-7

Kronike von Pruzinlant
Chronik des Preußenlandes

D*iz ist, wî dî lant Prûzin,*
Colmen, Lubaw gegebin wurdin den brûdren
des ordins dûtschin hûsis
von Jêrusalêm

Nû hatte zu den zîten sâ
brûdir Herman von Salzâ,
der hômeistir vorgeseit,
mit gûtir vorbesichtekeit
sô hô den dûtschin ordin brâcht
an brûdir menege und an macht,
an rîchtûm und an erberkeite,
daz sich dî lenge und dî breite
sîn lûmmunt und sîn name
gar sundir alle schame
an gûtem rûche wîte irgôz.
Sô verre joch sîn lob irdôz
an gar ellinthaftir tât,
daz herzoge Cunrât
zu Masow ouch dâ von vornam.
Ein wille in sîn herze quam,
daran er vil stête bleib,
als der gotis geist daz treib,
daz er wolde in sîn lant
des ordins brûdere vorgenant
zu beschirme ladin,
ob sî lîchte intladin
mochtin mit strîtlîcher craft
dî cristen von der heidenschaft
und dî heidin geswachin,
sint daz an den sachin
dî swertbrûdere nicht schûfin.
Alsust sach man berûfin

Das ist, wie die Länder Preußen, Kulm und Löbau den Brüdern des Ordens vom Deutschen Hause in Jerusalem[1] übereignet wurden

Nun hatte zu diesen Zeiten
Bruder Hermann von Salza[2],
der vorgenannte Hochmeister,
mit guter Umsicht
den Deutschen Orden so hoch gebracht
an Zahl der Brüder wie an Macht,
an Reichtum und an Ansehen,
daß sich in Länge und Breite
sein Ruhm und sein Name
ganz ohne Makel
an gutem Ruf weit verbreitet hatten.
Und so weit ertönte sein Lob
an mannhafter Tat,
daß auch Herzog Konrad
von Masowien[3] davon hörte.
Ein Verlangen kam in sein Herz,
an dem er so ganz beständig festhielt,
wie es der Geist Gottes antrieb,
daß er nämlich in sein Land
die vorgenannten Brüder des Ordens
zum Schutz laden wollte,
ob sie möglicherweise zu befreien
vermochten mit streitbarer Macht
die Christen von der Heidenschaft
und die Heiden schwächen konnten,
nachdem das in diesen Dingen
die Schwertbrüder[4] nicht zuwegebrachten.
So sah man ihn

in zu sîme hove
alle dî bischove
und sîne edilin man,
dî er mochte dô gehân
und offinbârte in
vil gar sînis herzin sin
und bat im darzû râtin.
Dô dî hêrren hâtin
vornomen des herzogin mût,
dêswâr iz dûchte sî wesin gut
und volgetin im dâan vil gar.
Sî sprâchin: „Iz ist offinbâr,
als wir vornomen hân
von wârin mêrin sundir wân,
daz dî dûtschin brûdere sint
des geloubin vîendin vînt
und rittere ûzirwelde,
zu wâpin ellinthafte helde
und geûbt von jungen zîten
an urloige und an strîten.
Darubir ist uns ouch bewêrt,
daz sî ûzirmâze wert
beide genême und gewêre
sîn dem pâbiste und dem keisere
und den vurstin, dî dâ pflein
dûtschir lande allirwein.
Des hân wir ganze hoffenunge,
daz durch ire vurderunge
der pâbist stifte ungespart
sô her eine crûzevart,
der diz arme lant getrôst
werde und ûz nôt irlôst."
Dô dî hêrrin algemein

an seinen Hof berufen
alle Bischöfe
und seine edlen Gefolgsleute,
die er hatte,
und er offenbarte ihnen
seines Herzens Gedanken
und bat sie, ihn zu beraten.
Als die Herren
die Meinung des Herzogs vernommen hatten,
da schien ihnen das fürwahr gut zu sein,
und sie pflichteten ihm gänzlich bei.
Sie sagten: „Es ist offenkundig,
wie wir zweifelsfrei
aus wahren Berichten vernommen haben,
daß die Deutschen Brüder
feind sind den Feinden des Glaubens,
daß sie zudem auserwählte Ritter sind,
gewaltige Helden in den Waffen
und von jung an
in Krieg und Kampf erprobt.
Darüber hinaus ist uns bezeugt,
daß sie außergewöhnlich angesehen
und ebenso genehm wie geschätzt
bei Papst wie Kaiser sind
und auch bei den Fürsten, die überall
die deutschen Lande verwalten.
Von daher haben wir alle Hoffnung,
daß der Papst zu ihrer Unterstützung
einen Kreuzzug
hierher ausrufen mag,
durch den dieses arme Land getröstet
und aus seiner Not erlöst werde."
Als die Herren so einhellig

mit dem herzogin ubirein
trûgin an dem râte,
er schicte ûz vil drâte
boten wol achtbêre
mit brîven vil gewêre,
dî er sante danne
zu brûdere Hermanne
dem meistere ofte vorgeseit.
Und dô dî botschaft vorgeleit
im und sînen brûderin wart,
der meistir wûc dî sache hart
mit sînen brûderin vorwâr
in manchim râte her und dar.
Zulest gerît der pâbist im sô
und der keisir, den sî dô
den andrin Friderîch nanden,
und von dûtschin landen
vurstin unde hêrrin vil,
dî im gelobtin in dem zil
bîgestên in der geschicht
mit râte und hulfe pflicht,
daz er nâch der bete,
dî da vlêlich hête
herzog Cunrât an in gewant
sich der sachin undirwant.
Sus sante meistir Herman
brûdir Conrâde dan,
den man hîz von Landisberc,
an der botschafte werc
und noch einen andrin
brûdir, den er wandrin
hîz mit im und zogin
sô hin zu dem herzogin

mit dem Herzog
im Rat übereinstimmten,
da sandte er alsbald
hochangesehene Boten aus
mit gewichtigen Briefen;
die schickte er
zu Bruder Hermann,
dem nun schon oft genannten Meister.
Und als ihm und seinen Brüdern
die Botschaft dargelegt worden war,
da wog der Meister die Angelegenheit
mit seinen Brüdern ernstlich ab,
in vielen Beratungen hin und her.
Schließlich rieten ihm der Papst
und der Kaiser, der damals
Friedrich der Zweite war,
ferner aus deutschen Landen
viele Fürsten und Herren,
die alle versprachen,
ihm in dieser Sache beizustehen
mit Rat und Tat,
so daß er gemäß der Bitte,
die der Herzog Konrad
flehentlich an ihn gerichtet hatte,
die Angelegenheit übernahm.
So sandte Meister Hermann
den Bruder Konrad,
den man von Landsberg nannte,
als Botschafter
und noch einen anderen
Bruder[5], den er mit ihm zu reisen
hieß, und so zogen sie
hin zu dem vorgenannten

von Polênen vorgenant,
daz sî besêhin Colmerlant
und irvûren ouch vorwâr,
ob dî botschaft wêre gar
geschên von sîme worte,
dî man dî boten hôrte
von sînen wegin werbin dâ.
Und dô dî brûdere quâmen sâ
zu Polênen, als ich las,
der herzoge ûzgezogin was
durch sache ein teil verre.
Dô hûb sich abir ein gewerre:
der Prûzin quam ein michil schar
und hertin her und dar
zu Polen in dem lande
mit roube und mit brande
dêswâr harte schedelîch.
Dô nâmen dî brûdere ouch an sich
der Polen ein michil rote
von der herzogîn gebote
Agâfien der vrouwen,
und begundin houwen
menlîch an der Prûzin her,
daz ouch nam dî widirkêr
kegin in mit strîte hart.
Dô wanten sich ouch ûf der vart
an der êrstin zûzucht
dî Polêne an dî vlucht.
Alsô wurdin in der stunt
dî brûdre tôtlîchin wunt
und der Polênen houbtman
vûrtin sî gevangin von dan.
Darzû slûgin sî ouch vil

Herzog von Polen,
um das Kulmerland in Augenschein zu nehmen,
auch um in Erfahrung zu bringen,
ob die Botschaft,
die man durch die Boten
in seinem Namen ausrichten hörte,
wirklich in seinem Auftrag geschehen war.
Und als die Brüder, wie ich gelesen habe,
nach Polen kamen,
da war der Herzog in bestimmter Angelegenheit
ausgezogen und folglich abwesend.
Da entstand kriegerische Verwirrung:
Ein großer Haufe von Prussen kam
und zog verwüstend hin und her
im Lande Polen
mit Raub und Brand
wahrlich auf großen Schaden.
Auf Befehl der Herzogin,
der Frau Agafia,
nahmen die Brüder
einen großen Trupp Polen
und begannen, wacker
auf das prussische Heer einzuschlagen,
das seinerseits
mit heftigem Kampf auf sie eindrang.
Da wandten sich gleich
beim ersten Zusammenstoß
die Polen in die Flucht.
So wurden
die Brüder auf den Tod verwundet,
und den Hauptmann der Polen,
den führten sie gefangen davon.
Außerdem erschlugen sie auch zahlreiche

der Polênen in dem zil.
Und dô irgangin was dî nôt,
man vant dî brûdere vor tôt
ûf dem velde ligin
allir macht vorzigin.
Sî lîz dî vrouwe Agâfiâ
zu gemache brengin sâ
und schûf in gerête,
sô sî iz best dô hête;
darzû sî erzte in gewan
dî ire wundin heiltin sân;
und dô sî ledic wurdin
der smerzlîchin burdin,
sî wurbin wîslîch unvorholn
ir botschaft, als in was bevoln.
Dô her Cunrât vorgenant,
herzoge ûf polênische lant,
gehôrt ir botschaft hâte
mit clûgim rîfim rate,
als gesprochin ist dâvur
und mit vrîer willekur
mit voreintim mûte gar
und mit volge offinbâr
Agâfien der herzogîn
sîns weibes, und der sune sîn,
dî sus hîzin in der zît:
Boleslaw, Kasimir, Simowît,
gab er mit gesamtir hant
dem dûtschin ordin dise lant:
Colmen ist daz ein irkant,
daz andre Lubau genant,
zu besitzene êwiclîch,
und al dî lant gemeinlîch,

der Polen.
Und als der Kampf zu Ende war,
da fand man die Brüder wie tot
auf dem Schlachtfeld hingestreckt
und ohnmächtig.
Frau Agafia ließ sie sofort dorthin
schaffen, wo sie alle Bequemlichkeit hatten,
und sorgte für Hilfe,
so gut sie es nur vermochte.
Ferner holte sie ihnen Ärzte,
die ihre Wunden alsbald kurierten.
Und als sie ihre schmerzhafte Bürde
wieder losgeworden waren,
da richteten sie verständig und unverhüllt
ihre Botschaft aus, wie ihnen aufgetragen war.
Als der bereits genannte Herr Konrad,
der Herzog der polnischen Lande,
ihre Botschaft vernommen hatte,
da übergab er – nach kluger und reiflicher
Überlegung, wie schon gesagt wurde,
und aus freien Stücken
sowie in Einmütigkeit
und mit ausdrücklicher Zustimmung
der Herzogin Agafia,
seiner Frau, und auch seiner Söhne,
deren Namen waren
Boleslaw, Kasimir und Simowit –
mit gesamter Hand
dem Deutschen Orden folgende Gebiete:
Kulmen heißt das eine,
Löbau das andere,
und zwar zu ewigem Besitz,
und ferner alle die Lande,

dî sî nâch den zîten
mit gotis hulfe irstrîten
mochtin und intwendin
von der heidin hendin
mit al des nutzes rechte,
als er und sîn geslechte
sî her von anbeginne
mit hêrschaft hattin inne
und besezzin erbelîch.
Er vorzêch sich willeclîch,
darzû sîn wîb und sîne kint,
dî dâ vorgenennet sint,
allis rechtis und hêrschaft,
ansprâche und allir eiginschaft
êweclîch an den landin,
dî wir dâ vor benandin.
Und ûf daz dî gebunge
in ganzir vestenunge
mochte êweclîch bestân,
und daz dewedir wîb noch man
sî mochtin widirsprechin
noch hernâch vorbrechin,
des gab durch ganze sichirheit
der herzoge vorgeseit
den brûderen brîve wol bereit
nâch der sache intscheidinheit
mit sîme ingesigele ganz
wol bewârt ân allin schranz.
Dî dinc sach man urbarin
in unsirs herrin jârin
tûsint und zweihundirt
und darûf gesundirt
zwênzic und sechs jâr;

die sie sich in Hinkunft
mit Gottes Hilfe erstreiten
und den Händen der Heiden
entreißen würden,
mit allen Nutzungsrechten,
wie er selbst und sein Geschlecht
sie von Anfang bis jetzt
in der Herrschaft innegehabt
und erblich besessen hatten.
Er entschlug sich freiwillig,
gleichfalls seine Frau und seine Kinder,
die oben genannt wurden,
allen Rechtes und aller Herrschaft,
jeden Anspruches und allen Eigentums
für ewig an den Gebieten,
die wir zuvor benannt haben.
Und auf daß diese Schenkung
in völliger Unverbrüchlichkeit
für ewig bestehen konnte
und daß weder Frau noch Mann
sie beeinspruchen
noch späterhin brechen könnten,
stellte der vorbesagte Herzog,
um völlig sicher zu gehen,
über die Entscheidungen des Rechtshandels
den Brüdern Urkunden aus,
die mit seinem Siegel
wohl versehen wurden.
Diese Dinge ereigneten sich
in den Jahren unseres Herren
tausend und zweihundert
und dazu noch zusätzlich
zwanzig und weitere sechs Jahre[6].

in deme sechstin jâre zwâr
wurdin sî genende
berichtit ûf ein ende
vor hêrren und lûten vil,
der ich ein teil hî nennen wil
zu wârim gezûgnisse,
dî ouch vil gewisse
darzû gâbin râtis lêr:
von Masow bischof Gunthêr,
von Kuyaw bischof Michaêl.
Ouch was dabî in dem zel
von Prûzin bischof Cristiân,
prôbst Gernuld, Wilhelm decân,
und zwêne hêrren von Dirsaw,
dî beide hîzin Pacoslaw,
der alde und der junge.
Ouch gibt des gezûgunge
Jôhannes der kenzelêr,
der selbin brîve ein tichtêr,
der undirkenzelêr Gregôr,
und als ich ouch sprach dâvôr,
êrlîchir lûte noch vil mê,
dî bî den sachin wârin ê
dô sî wurdin sus bezilt,
der zu schrîbene mich bevilt.

* * * * *

Diz ist von der êrstin burc der brûdre des dûtschin hûsis, dî dâ hîz Vogilsanc

Dô dî vorgesprochnin lant
Colmen, Lubaw, Prûzin genant
von herzogin Cunrâte

Und in diesem sechsten Jahre
wurden sie mit Eifer
abschließend geregelt
vor vielen Herren und Leuten,
von denen ich hier einen Teil nennen möchte
zu einem wahren Zeugnis,
die auch ganz sicher
dabei beratend mitgewirkt hatten:
von Masowien Bischof Gunther,
von Kujawien Bischof Michael.
Ferner waren dabei
Bischof Christian von Preußen[7],
Probst Gernuld, Dekan Wilhelm
und zwei Herren von Dirschau,
die beide Pacoslaw hießen,
nämlich der alte und der junge.
Auch gibt davon Zeugnis
Johann der Kanzler,
der Verfasser dieser Urkunden,
ferner der Unterkanzler Gregor
sowie, wie ich zuvor gesagt habe,
noch viele weitere angesehene Leute,
die da bei den Rechtsgeschäften,
als sie beendet wurden, zugegen waren,
die anzuführen mir jedoch zu viel ist.

* * * * *

Dies ist von der ersten Burg der Brüder des Deutschen Hauses, die da hieß Vogelsang

Als die vorgenannten Länder
Kulmen, Löbau und Preußen
von Herzog Konrad

nâch vil manchim râte
ûfgegebin wordin
des dûtschin hûsis ordin,
als ir dâ vor vornumin hât,
dô bleib brûdir Cunrât
von Landisberc, den wir ê nandin,
mit sîm gesellin bî den landin,
zu Prûzin ich dâ meine.
Ir hêrschaft abir cleine
dennoch dâ was und ir gewalt,
want sî keiner hant inhalt
in den landin mochtin hân;
des dâchtin sî zum êrstin an
von verrins zû und nêhir baz,
sô in got gevûgte daz,
alsô daz nû durch sichirheit
dî Wîzil wêr ein undirscheit
zwischin den Prûzin und in.
Darûf bezilte sich ir sin
und bâtin dâ vil drâte
den herzogin Cunrâte,
daz er in zum bestin
bûwete eine vestin,
darûf sî sich inthîldin
und des urlougis wîldin.
Des was der edele reine man,
want er in gotis minne bran,
alzuhandis in bereit.
Im wart in sinne vorgeleit,
daz er ouch betrachte dort
ein alsus pôêtin wort:
„Swer dâ wol gehebit an,
der hât daz werc wol halb getân“,

nach mancherlei Beratung
dem Orden des Deutschen Hauses
übertragen worden waren
(wie ihr zuvor vernommen habt),
da blieb Bruder Konrad
von Landsberg, den wir schon erwähnt haben,
mit seinem Gefährten in diesen Landen,
ich meine in Preußen.
Ihre Herrschaft und ihre Gewalt
waren freilich noch gering,
denn sie hatten noch keinerlei Aufenthaltsort
in den Landen.
Deshalb wollten sie als erstes
von fern weiter heran
(wenn ihnen Gott das zugestand),
so daß zu ihrer Sicherheit
die Weichsel als Grenze
zwischen ihnen und den Prussen wäre.
Darauf richtete sich ihr Sinn,
und sie baten alsbald
den Herzog Konrad,
ihnen zum Besten
eine Burg zu erbauen,
auf der sie sich aufhalten
und von der aus sie Krieg führen könnten.
Dazu war der edle reine Mann,
denn er war in Liebe zu Gott entflammt,
sogleich für sie bereit.
Ihm wurde in den Sinn gegeben,
an das Wort des
Dichters zu denken:
„Wer gut beginnt,
der hat das Werk schon halb vollbracht."

und saminte sîn volc vil gar
und lîz in eine burc vorwâr
bûwin bî der Wîzlin nâ
ûf einin berc gelegin dâ
kein deme, dâ Torûn nû lît,
der Wîzelin ûf andir sît.
Dî burc man nante Vogilsanc,
darûffe des urlougis lanc
dî brûdere nâmen den anvanc
und satztin sich gar âne wanc
mit wêninc wêpenêrin kranc
widir den heidenischin tranc,
(ummêzlîch was des ummeswanc),
und sungen dâ vil nôtin manc,
nicht der nachtegalin klanc,
sundir manchin jâmirsanc,
als der swane singit,
sô in sîn sterbin twingit;
want sî hattin gar vorlorn
daz sûze lant, dâ sî geborn
und gezogin wârin
und hattin sich vorvarin
verre in ein vremde lant,
dar sî kummir manchir hant
mûstin lîdin al ir jâr,
und wârn âne hoffin gar,
daz daz mochte icht geschên,
daz sî immir mê gesên
ubir lanc odir ubir kurt
soldin daz lant der geburt.
Sî hattin ouch gelâzin
lant in gûtin sâzin
vruchtic, rûic, vridelîch,

Und so brachte er seine Leute zusammen
und ließ wahrhaftig eine Burg
nahe der Weichsel erbauen,
auf einem Berg gegenüber dem,
wo jetzt Thorn
auf der anderen Seite der Weichsel liegt.
Die Burg nannte man Vogelsang.
Von ihr aus begannen die Brüder
den langen Krieg
und widersetzten sich beständig
mit beklagenswert schwachen Streitkräften
der heidnischen Bedrängung
(deren Ausmaß ungeheuer war)
und sangen dazwischen viele Melodien,
zwar nicht im Ton der Nachtigallen,
vielmehr manches Jammerlied,
wie der Schwan singt,
wenn ihn das Sterben ankommt.
Denn sie hatten ja völlig verloren
das freundliche Land, in dem sie geboren
und aufgewachsen waren,
und sich verirrt
weit weg in ein fremdes Land,
wo sie mancherlei Kummer
ertragen mußten all ihre Jahre
und gänzlich ohne Hoffnung waren,
es könnte jemals geschehen,
daß sie über kurz oder lang
das Land ihrer Geburt
wieder zu sehen bekämen.
Sie hatten auch zurückgelassen
Länder in guten Verhältnissen,
fruchtbar, ruhig und friedlich,

und hattin vorellendit sich
in ein lant des grûwin,
daz nîmant dô pflac bûwin
durch wilde wûstenunge grôz,
dî allirwein darin erdôz.
Allir wunne was iz hol
und ôt hartis strîtis vol
und daz ichz alz beslîze ôt,
sî hattin slecht gelân durch got
vrîheit, êre, kunne
und al der werlde wunne
und hattin sich gegebin
in kummirlichiz lebin.
Durch hungir, ungemach,
armût, snôdekeit man sach
sî in dêmût ummevân.
Nicht gar ich ûzgedruckin kan
mit wortin, noch vol sprechin
dî nôt und den gebrechin,
dâ mit sî wârin bewundin.
Hî von sî in den stundin
mochtin sprechin ouch alsô
wol mit sente Pêtrô:
„Nu sich, hêrre got, wir hân
ûf erdin alle dinc gelân
und hân dir gevolgit schôn:
waz wirt darumme unsir lôn?“
O sûzir Jêsû, der gewis
ein crône allir heilgin bis,
mit waz crônen soln gecrônt,
mit waz zîrheit suln geschônt
dî reinen von dir werdin,
dî sulche nôt ûf erdin

und waren in die Fremde gezogen
in ein Land des Schreckens,
das niemand bestellte
wegen der großen und wilden Einöde,
die sich in ihm allenthalben ausbreitete.
Es war bar aller Freude
und voll auch heftigen Kampfes,
und auf daß ich mit allem zum Ende komme:
Sie hatten einfach um Gottes willen verlassen
Freiheit, Ehre, Verwandtschaft
und alle Freude dieser Welt
und sich einem
kummervollen Leben hingegeben.
Von Hunger, Ungemach,
Armut und Niedrigkeit sah man
sie in Demut umfangen.
Ich vermag gar nicht in Worten
auszudrücken noch vollständig zu erzählen
die Not und den Mangel,
mit denen sie umstrickt waren.
Davon konnten sie wohl zuzeiten
mit dem heiligen Petrus
wie folgt sprechen:
„Nun sieh, Herr Gott, wir haben
auf Erden alle Dinge hinter uns gelassen
und sind dir ganz und gar nachgefolgt –
was wird uns dafür unser Lohn sein?“[8]
O süßer Jesus, der du gewißlich
die Krone aller Heiligen bist:
Mit was für Kronen sollen gekrönt,
mit was für Zierden sollen von dir
die Reinen geschmückt werden,
die auf Erden solche Not

durch dich lîdin mit gedult?
Dêswâr an in wirt irvult
vil gar daz gotlîche wort,
daz Isâias schrîbit dort:
„Got hêrre trôstin wirt Siôn
und iren val ûfrichtin vrôn.
Er wirt ire wûste breit
setzin als ein lustberkeit
und ir wiltnis in allir wîs
als daz gotis paradîs.
In ir wirt wunne vundin
und vroude in allin stundin;
dâ wirt gehôrt genâdin danc
und ein sûzir lobesanc.“

Diz ist von der zûkumft mêr brûdre des dûtschin hûsis und von der bûunge der burc Nessow genant

Dô daz hûs, als ich nû las,
Vogilsanc gebûwit was,
brûdir Cunrât sante,
den ich dâ vor ouch nante
brûdre Hermanne von Saltzâ,
dem hômeistere botin sâ,
dî dâ soldin im vorjên,
wî iz alliz was geschên
bî den sachin und volant,
darumme er was ûzgesant,
und bat mit grôzir vlê,
daz er im sente brûdere mê
und andre wêpenêre;

um dich mit Geduld ertragen?
Wahrlich, an ihnen erfüllt sich
vollkommen das göttliche Wort,
das Jesaias verzeichnet:
„Gott der Herr wird Sion trösten
und ihren Sturz wiederaufrichten.
Er wird ihre weite Wüste
zu lustvoller Freude machen
und ihre Wildnis ganz und gar
wie das Paradies Gottes.
In ihm findet sich Wonne
und Freude zu jeder Zeit;
da hört man Danksagung
und süßen Lobgesang."[9]

D*ies ist von der Ankunft weiterer Brüder des Deutschen Hauses und von der Erbauung der Burg Nessau*

Als die Burg Vogelsang, wie
ich gelesen habe, errichtet war,
da sandte Bruder Konrad
(den ich bereits erwähnt habe),
dem Bruder Hermann von Salza,
dem Hochmeister, Boten,
die ihm berichten sollten,
wie alles in den Angelegenheiten,
deretwegen man ihn ausgeschickt hatte,
geschehen und vollbracht war.
Und er bat mit großem Flehen,
er möge ihm noch mehr Brüder
und sonstige Bewaffnete senden.

des ouch vil gewêre
der homeistir vorgeseit
was mit willin dô gereit.
Er sante im zu meistre sân
einen brûdir, der Herman
Balke was geheizin dô,
und sprach zu deme sô,
alse got gesprochin ê
hatte ouch zu Jôsuê:
„Starcmûtic und creftic bis,
want dû leitin solt gewis
der israhêlschin sune schar,
daz sint dîne brûdere gar
und brengin in daz lant,
daz in von gote ist benant
und got sal mit dir sîn
in allin den arbeitin dîn.“
Ouch sô sante er danne
mit brûdre Hermanne,
den man nante Balke,
einin zu marschalke,
der hîz brûdir Tîterich,
ein rittir dêswâr lobelîch,
und was von Bernheim genant.
Ouch sô wart mit in gesant
brûdir Cunrât, der geborn
von Intele was und dâ bevorn
gewesin mit vil grôzir zucht
ein kemerêr der sûzin vrucht
sente Elizabêtin.
Mit in sî ouch dâ hêtin
noch zwêne brûdre rittirlîch,
dî hîzin beide Henrîch.

Dazu fand sich fürwahr
der Hochmeister
gern bereit.
Er schickte ihm als Meister alsbald
einen Bruder, der
Hermann Balk[10] hieß,
und sagte zu dem,
wie Gott einst auch zu
Josua gesprochen hatte:
„Sei starkmütig und fest,
denn wahrlich du sollst die Schar
der Söhne Israels leiten,
das sind deine Brüder,
und du sollst sie in das Land bringen,
das ihnen von Gott verheißen ist,
und Gott wird mit dir sein
in allen deinen Mühsalen.“[11]
Und so schickte er denn
zusammen mit Bruder Hermann,
den man Balk nannte,
einen als Marschall,
der hieß Bruder Dietrich
(wahrlich ein löblicher Ritter!)
und wurde von Bernheim[12] zubenannt.
Ferner wurden mit ihnen
Bruder Konrad geschickt, der
aus Intelen gebürtig und zuvor
in großer Sittsamkeit gewesen war
der Kämmerer der heiligen Elisabeth[13],
des gütigen Geschöpfes.
Sie hatten auch noch
zwei ritterliche Brüder mit sich,
die beide Heinrich hießen.

Ein Dorinc was der ein irkant
und von dem Berge genant;
sô was der andir von Zîz,
von Wittindorf derselbe hîz.
Disin brûdrin mite was
genûc wêpenêre, als ich las,
dî der hômeistir sande
alle kein Prûzinlande
zu hulfe brûdir Cunrâte,
als er gebetin hâte.
Und dô sî sus intsamen
zum Vogilsange quâmen,
ir rât vil snel dâ ûf gesaz,
daz sî bûweten nidir baz
ûf der Wîzlin strande
ein hûs, daz man dô nande
darumme ouch Nessouwe,
want dî selbe ouwe
dî dî burc dâ ummesaz,
was bevlozzin unde naz.
Und dô man ûf dem hûse sach
dî brûdre wonen, dô geschach,
daz dî Prûzin quâmen
in vîentlîchim râmen
in Polênsche lant sô hin;
und dô sî sâhin volgin in
dî brûdre in ir hergewête,
michil wundir sî des hête,
wan sich ir kumft irscheinte
und waz sî ouch dâ meinte.
Secht, dô wurdin sî bericht
von eime Polêne der geschicht,
den sî gevangin vûrtin dô.

Der eine war Thüringer
und wurde von dem Berge genannt.
Der andere war aus Zeitz
und hieß von Wittendorf.
Diesen Brüdern waren, wie ich gelesen habe,
hinreichend viele Bewaffnete beigegeben,
die der Hochmeister alle
ins Preußenland schickte,
dem Bruder Konrad zu Hilfe,
wie dieser gebeten hatte.
Und als sie so allesamt
zum Vogelsang gekommen waren,
da ging ihre Meinung sehr schnell dahin,
daß sie weiter stromabwärts
auf dem Strand der Weichsel
eine Burg bauten, die man deshalb
auch Nessau nannte,
denn eben diese Aue,
die die Burg umgab,
war umspült und naß.[14]
Und als nun die Brüder auf der Burg
lebten, da geschah es,
daß die Prussen
in feindlicher Absicht
in das polnische Land eindrangen.
Und als sie sahen, wie ihnen die
Brüder gerüstet folgten,
da nahm sie das groß Wunder,
wann ihre Ankunft erfolgt war
und was sie zu bedeuten hätte.
Seht, da wurden sie von einem Polen,
den sie da gefangen führten,
über das Geschehene unterrichtet.

Er sprach: „Daz volc, daz ir alsô
hât gesehen hûte,
daz sint begebene lûte;
dî sint zu strîte helde
unde rittere ûzirwelde.
Der pâbist hât sî hergesant
von dûtschin landen in diz lant,
daz sî zu allin zîten
wider ûch sullin strîten
unz sî gar betwingin
ûch und darzû bringin,
daz ir den heiligin touf
intpfât nâch des gelouben louf,
den Cristus geboten hât,
unde zu gebote stât
der rômischen kirchin dort."
Dô sî hattin daz erhôrt,
vil hônlîch sî sîn lachten
und sich kein hûse machten.

D*iz ist von brûdre Hermanne Balkin dem êrstin lantmeistre zu Prûzin der brûdre des ordins des dûtschin hûsis*

Brûdir Herman Balke genant
von dem dûtschin hûs irkant
der êrste lantmeistir was
in Prûzinlande, als ich las,
und pflac wol zwelf jâr
des gebîtis dâ vorwâr.
Ouch man in zu Lîflande
den êrstin meistir nande

Er sagte: „Das Kriegsvolk, das ihr
heute in dieser Weise gesehen habt,
das sind geistliche Leute.
Sie sind streitbare Kämpfer
und ausgezeichnete Ritter.
Der Papst[15] hat sie aus deutschen
Landen in dieses Land geschickt,
auf daß sie zu allen Zeiten
gegen euch kämpfen,
bis sie euch völlig bezwingen
und dahin bringen,
daß ihr die heilige Taufe
gemäß der Regel des Glaubens,
den Christus vorgeschrieben hat, empfangt
und der römischen Kirche
zu Diensten seid."
Als sie das hörten,
da verlachten sie ihn voller Hohn
und machten sich auf den Weg nach Hause.

Das ist von Bruder Hermann Balk, dem ersten Landmeister zu Preußen der Brüder vom Deutschen Hause

Bruder Hermann, genannt Balk,
vom Deutschen Hause
war, wie ich gelesen habe,
der erste Landmeister im Preußenland
und hat zwölf Jahre lang
an der Spitze des Landes gestanden.
Ebenso war er in Livland
der erste Meister,

und dô er des gebîtis dâ
ouch gepflac sechs jâr vil nâ
und beide lant mit strîtis macht
in gûte sâze hatte brâcht,
(want daz urloig in sînre hant
was nâch wunsche î gewant
als hernâch wirt offinbâr)
dô was er wurdin ouch sô swâr
von arbeit und von aldirs wein,
daz er nicht inmochte pflein
des amtis mê; des vûr er widir
kein dûtschin landin, dâ er sidir
starb und ouch begrabin lît.
Wî gar achtber in sînre zît
mit sîme tûne sî gewesin
dirre degin ûzirlesin,
daz wîsit manche grôze tât,
dî er prîslîch begangin hât.

* * * * *

W*î dî Samin wurdin betwungin*

Dô dî vorgenantin dît,
als ich ûch ouch ê intschît,
ich mein dî Pomezênin,
Ermin, Pogezênin,
Natangin unde Bartin
zu dem geloubin kartin,
dô bleib noch der Samin lant
rechtis geloubin gar geblant,
want sî unbetwungin wârn.
Des vûgte Cristus nâch den jârn,
daz er dî menscheit hât intpfân,

und als er auch dort dieses Amt
nahezu sechs Jahre[16] wahrgenommen hatte
und beide Länder mit Waffengewalt
in guten Zustand gebracht hatte
(denn in seiner Hand nahm der Krieg
stets eine wunschgemäße Wendung,
wie hernach noch deutlich wird),
da war er so beschwert
von der Anstrengung und von Alters wegen,
daß er das Amt nicht mehr
auszuüben vermochte. Deshalb zog er zurück
in die deutschen Lande, wo er späterhin
starb und auch begraben liegt.
Wie hochachtbar dieser auserlesene Ritter
in seiner Zeit
mit seinem Tun gewesen ist,
das beweist manche große Tat,
die er ruhmvoll begangen hat.

* * * * *

W*ie die Samen bezwungen wurden*

Als die vorgenannten Völker[17],
wie ich euch schon vorher mitgeteilt habe,
ich meine die Pomesanier,
Ermen, Pogesanier,
Natanger und Barten,
sich zum Glauben bekehrt hatten,
da verblieb doch das Land der Samen
des rechten Glaubens noch verdunkelt,
denn sie waren noch unbezwungen.
Deshalb fügte es Christus gemäß den Jahren,
daß er die Menschheit empfangen hatte,

dô der tûsint wârn irgân
zweihundirt vumfzic vîre ouch,
daz in daz lant zu Prûzin zouch
von Bêmin kung Ottackir,
ein hêrr in strîte wackir
und an tuginde lobesam.
Ouch marcgrêve Otte mit im quam
von Brandinburc, der, als ich las,
sîn marschalc ûf der reise was,
ein man menlîchir turste,
von Ôstirrîch der vurste
und der marcgrêve von Mêrn.
Vil starc gemannit dise hêrn
hîltin ire hove.
Ouch quâmen dâ bischove,
hêrrin dêswâr lobelîch,
von Colmen bischof Heinrîch
und ein bischof von Ermelant,
der was hêr Anshelmus genant.
Ouch quam in der lûne
von Olmunz bischof Brûne.
Diese drîe bischove gût
hattin manchis mannis mût
darûf gewant mit lêre,
daz sî durch gotis êre
dô wurdin pilgerîne.
Ouch sach man von dem Rîne,
von Sachsin, von Duringin,
von Mîsin sô her swingin
und von landin manchirwein
manchin ellinthaftin dein
von grâven, rittirn, knechtin,
dî dâ woldin vechtin

als derer tausend
zweihundertvierundfünfzig vergangen waren,
daß in das Land Preußen zog
König Ottokar von Böhmen[18],
ein Herr tapfer im Kampf
und preiswürdig an Tugend.
Auch kam mit ihm Markgraf Otto von Brandenburg[19],
der, wie ich gelesen habe,
auf der Kriegsfahrt sein Marschall war,
ein Mann voll verwegener Kühnheit,
ferner der Herzog von Österreich
und der Markgraf von Mähren.[20]
Mit starker Mannschaft hatten diese Herren
ihre Höfe versehen.
Ferner kamen da Bischöfe,
wahrlich löbliche Herren,
nämlich Bischof Heinrich von Kulm
sowie der Bischof von Ermland,
der hieß Herr Anselmus.
Gleichfalls kam zu diesem Zeitpunkt
Bischof Bruno von Olmütz[21].
Diese drei frommen Bischöfe
hatten mit ihrer Lehre
vieler Männer Sinn dahin gelenkt,
daß sie um der Ehre Gottes willen
damals Pilger wurden.
Ferner sah man vom Rhein,
aus Sachsen, aus Thüringen,
aus Meißen und von manch anderen Landen
sich herbewegen
zahlreiche tapfere Kriegsleute,
Grafen, Ritter und Knappen,
die da kämpfen wollten

durch got mit den heidin
und andin an den leidin
daz unrecht des hêrrin zart,
der durch uns gecrûzgit wart.
Und dô dî rotin quâmin
al in ein her zusamin,
dô achte man sundir wân
mê den sechzig tûsint man
strîtlîchir in dem here.
Wî vil dâ wagene wêre
mit wâpnen und mit spîse,
der zal bin ich nicht wîse;
ich wêne î, ir wêre vil.
Nû quam daz her ûf daz zil
zum Elbing und in der zît,
als iz wintir wesin pflît,
dô wold der alde vîant
menschlîchis heilis hân irwant
mit sînir tûvlischin list,
daz sus geordint hatte Crist
in sîner vorbesichtikeit
zu des menschin sêlikeit.
In der wîs er des began:
er schuntte zû, daz zwêne man –
der eine was von Ôstirrîch
der ander ein Sachse, sus las ich –
dî hûbin einis krîgis zorn
in einre mul, wer dâ sîn korn
zum êrstin solde malin.
Der zwîtrachte prâlin
wûchs zu jungist alsô grôz,
daz iz vor dî hêrn irdôz,
dî sich darnâch învlâchtin

um Gottes willen mit den Heiden
und die an den Bösewichten ahnden wollten
das an dem teuren Herrn begangene Unrecht,
der um unsretwillen gekreuzigt wurde.
Und als all die Scharen
zu einem Heer zusammengekommen waren,
da zählte man ohne Übertreibung
mehr als sechzigtausend streitbare
Mann in dem Heer.
Wie viel es da an Wagen gab
mit Waffen und mit Verpflegung –
dieser Zahl bin ich nicht unterrichtet.
Ich glaube aber, es waren viele.
Nun kam das Heer bis
zum Elbing, und zwar in der Zeit,
als es Winter war.
Da wollte der alte Feind
des menschlichen Heiles
mit seiner teuflischen List verhindern,
was Christus
in seiner Voraussicht
zu des Menschen Seligkeit so geordnet hatte.
Er begann sein Vorhaben in folgender Weise:
Er stiftete an, daß zwei Leute –
der eine war aus Österreich,
der andere ein Sachse, so habe ich es gelesen –,
daß die also in einer Mühle
in heftigen Streit gerieten,
wer als erster sein Korn mahlen dürfte.
Der Lärm ihres Zwistes
wuchs zuletzt so an,
daß er bis vor die Herren dröhnte,
die sich nun ihrerseits

in krîglîchin zwîtrachtin,
daz nicht dî rittir alleine
noch andir volc gemeine,
sundir ouch der kunic inzwârn
und andre vurstin, dî dâ wârn,
ir wâpin hattin angeleit
und zu strîte sich bereit
kegn einandir gemeine.
abir der gotis reine
bischof von Olmunz drundir quam
und dî vêde undirnam
und wol sûnlîch berichte.
Nâch dirre geschichte
zôch der kunc von Bêmin dan
ân sîn volc zur Balge sân,
dâ er ouch einen Samin vant,
der Gedûne was genant,
als daz geschikt dî brûdre
hattin in listin lûdre.
Vil tage ûf im hatt er
und Wissegaudin vater
von Medenouwe sô was er,
und des geslechtis hêr,
dî nû heizin Kandemînen.
Er was gewesin bî den sînen
jârin dâ der bestin ein
unde weste wol gemein
al der Samin heriscraft.
Nû was iz alsô geschaft,
daz daz her quam hernâch;
und dô er êrst ein teil gesach
von dem here, zu im sprach
der kunic: „Nû berichte mich

in kriegerischer Zwietracht entzweiten,
so daß schließlich nicht allein die Ritter
und das sonstige gemeine Volk,
sondern sogar der König
und andere Fürsten, die da waren,
ihre Waffen angelegt
und sich zum allgemeinen Kampf
gegeneinander bereit gemacht hatten.
Doch der gottgeliebte
Bischof von Olmütz fuhr dazwischen,
beendete die Fehde
und stellte den Frieden wieder her.
Nach diesem Vorfall
zog der König von Böhmen
ohne seine Leute zur Burg Balga,
wo er auf einen Samen stieß,
der Gedune hieß,
so wie das die Brüder
mit Schlauheit eingerichtet hatten.
Er war schon sehr betagt
und war der Vater
des Wissegaud von Medenau
und der Herr des Geschlechtes,
die man jetzt die Kandeminen nennt.
Er war in seinen Jahren
einer der Besten gewesen
und kannte sich vorzüglich
mit der Heereskraft der Samen aus.
Nun war es so,
daß das Heer hernach folgte.
Und als er erst einen Teil
des Heeres erblickte, sagte zu ihm
der König: „Nun gib mir Auskunft,

des ich hî wil vrâgin dich!
Mochte in Samelande ich
icht geschaffin mit der schar?"
Dô sprach Gedûne: „Nein, vorwâr."
Darnâch zwîr alse vil ir quam;
dô sprach Gedûne abir alsam.
Zum drittin mâle drîes mê;
dô antwort er abr als ê.
Zu jungist quam daz her alganz,
von dem ouch des îsis glanz
allirwegin was bedakt.
Dô wart mit vrâge vorgerakt;
der kunc sprach: „Wî dunkit dich nû?
Mac ich icht den Samin zû
unde mit strîte sî bestân?"
„Jâ", sprach Gedûne, „sundir wân;
di reise ist nû umbezilt.
Dû macht varin, swar dû wilt,
und alle dîne gere
irvullin mit dem here,
daz ich alhî hab gesêhn."
Und dô diz was alsus geschêhn,
den kunc sach man im reichin
sînre banîre zeichin
und hîz in dî steckin
ûf sînes erbis eckin
und ouch sîner vrûnde,
ûf daz dî urkunde
in solde wesin ein beschirm
vor der Dûtschin ungehirm.
Nû was der Prûze ein teil zu laz,
want er nicht inwiste, daz
dî Dûtschin wârin alsô balt.

was ich dich hier fragen möchte:
Könnte ich in Samland
etwas mit dieser Schar ausrichten?“
Da sagte Gedune: „Wahrlich nein.“
Danach kamen ihrer zweimal so viele,
doch Gedune redete in gleicher Weise.
Zum dritten Male – es waren dreimal so viele –:
Er antwortete wie zuvor.
Schließlich war das gesamte Heer angelangt,
von dem der Schimmer des Eises
gänzlich verdeckt wurde.
Da wurde nochmals die Frage gestellt.
Der König sagte: „Wie dünkt dich nun?
Kann ich etwa jetzt an die Samen heran
und sie im Kampf bestehen?“
„Ja“, antwortete Gedune, „zweifelsohne.
Der Kriegszug ist jetzt unbeschränkt.
Du kannst ziehen, wohin du willst,
und alle deine Wünsche
mit dem Heer,
das ich hier gesehen habe, erfüllen.“
Und als das so vor sich gegangen war,
sah man den König ihm darreichen
seine Feldzeichen,
und er hieß ihn, sie
an die Ecken seines Hofes zu stecken,
entsprechend bei seinen Verwandten,
auf daß ihnen dieses Zeichen
ein Schutz sein sollte
vor der Gewalt der Deutschen.
Nun war der Prusse jedoch ein wenig zu saumselig,
denn er wußte nicht, daß
die Deutschen so stürmisch waren.

Des wart sîn vrume dâ vorsnalt.
Zu lange er dâ sûmete;
daz sûmen in beglûmete.
Dô er zu hûse quam, er vant
hûs und habe gar vorbrant
beide der vrûnde und ouch sîn.
Doch was daz sîn hôeste pîn,
daz sîn gesinde gar irslagin
was mit allin sinen mâgin,
darzû sîn brûdir, der dâ hîz
Ringil, als ich mir sagin lîz.–
Alsus der kunic vorgenant
sprengete in Samelant
zu Medenow in daz gebît
und irslûc gar vil der dît;
sumelîche er ouch vînc.
Daz andre alliz dâ vorgînc,
swaz daz vûer mochte zern.
Und dô er alsus getreib daz hern
den tac mit allir sîner macht,
dô bleib er ouch dâ ubir nacht.
Des andrin tagis zôch er vort
in dî gegenôte dort
zu Rudowe und gewan
aldâ dî burc den Samin an
unde tet mît âchte
aldâ sô grôze slachte
an den samischin dîtin,
daz sî begondin bîtin
gîsle mit grôzir vlê
dem kunige, daz er vortmê
sî zu gnâdin intpfînge
unde des nicht vorhînge,

Deshalb wurde sein Vorteil alsbald zunichte.
Er zögerte zu lange,
und dieses Säumen schadete ihm.
Als er schließlich nach Hause kam,
fand er Haus und Habe völlig abgebrannt,
sowohl das seiner Freunde als auch das eigene.
Doch am meisten litt er,
daß seine Leute samt und sonders erschlagen waren,
mitsamt seinen Verwandten,
dazu auch sein Bruder, der
Ringil hieß, wie ich mir habe sagen lassen. –
So sprengte der vorgenannte König
nach Samland
in das Gebiet von Medenau
und erschlug dort viel Volks,
etliche machte er auch zu Gefangenen.
Alles andere, was das Feuer
verzehren konnte, ging unter.
Und als er so das Verheeren mit
aller Macht den Tag lang getrieben hatte,
da blieb er dort auch über Nacht.
Am nächsten Tag zog er weiter
in die Gegend
von Rudau und eroberte
ebendort die Burg von den Samen
und richtete
ein so großes Gemetzel
unter den samischen Bewohnern an,
daß diese mit großem Flehen
dem König Geiseln anboten,
damit er sie hinfort
in Gnaden aufnähme
und nicht verhängte,

daz man daz volc zumâle
vortilgte in sulchir quâle.
Darnâch er vil gar durchzouch
dise gegenôte ouch:
Quedenowe, Waldowe,
Kayme und Tapiowe;
und ûf daz er nicht sulchin mort
dô begînge alsô dort,
sâ brâchtin sî im durch den vûc
zu gîsle irre kindir gnûc;
darzû sî sich vorbundin,
daz sî zu allin stundin
âne widirschundin
woldin gotis vrûndin,
den brûdrin, wesin undirtân
und den geloubin gern inpfân
unde werdin cristin.
Nâch den selbin vristin,
dô diz was volgeant,
der kunc dî gîsle benant
beschît den brûdrin dô sân
unde zogte her dan
unz zu dem berge und an dî stat,
dâ Kungisberc nû ist gesat,
und rît den brûdrin sâ,
daz sî eine burg aldâ
bûwitin durch sichirheit
und durch beschirm der cristinheit.
Zu der bûwunge er ouch schôz
und gab in gâbe grôz
als sînen wirdin wol gezam.
Alsus sîn arbeit ende nam
der pilgerînschin betevart.

daß man das ganze Volk
so qualvoll austilgte.
Anschließend durchstreifte er
folgende Gegenden:
Quednau, Waldau,
Kaimen und Tapiau,
und auf daß er da nicht auch solch Gemetzel
anrichtete wie dort,
brachten sie ihm aus diesem Anlaß
viele ihrer Kinder als Geiseln.
Zudem verpflichteten sie sich,
jederzeit
und ohne Widerspenstigkeit
den Freunden Gottes, das heißt
den Brüdern, untertan zu sein
und ferner den Glauben anzunehmen
und Christen zu werden.
Als das geschehen war
in dieser Zeit,
überstellte der König die genannten Geiseln
alsbald den Brüdern
und zog sodann her
bis zu dem Berg und an die Stelle,
wo jetzt Königsberg gelegen ist,
und riet alsbald den Brüdern,
dort eine Burg
zu erbauen um der Sicherheit
und des Schutzes der Christenheit willen.
Er steuerte auch zu der Erbauung bei
und machte ihnen große Geschenke,
wie es seiner Würde wohl anstand.
So nahm seine Mühsal
der Kreuzfahrt ein Ende.

Des zôch der edle kunic zart
mit vroidin sô hin glîche
widir in sîn rîche.

V*on der bûwunge der burc Kungisberc*

Nâch des kunigis abevart
wart nicht lengir gespart:
dî brûdre sundir beitin
begondin zu bereitin
gezouwis und gereitis gnûc,
des zu gebûwe was vûc;
und dô daz alliz was gereit,
dô wart ein reise ûzgeleit,
in der dî brûdre nâmin
dî Prûzin allintsamin,
den sî dô getrûwitin,
an sich unde bûwitin
ûf den vorgenantin berc
einre vestin burge werc,
dâ noch daz alde hûs ist.
Dî burc sî nantin in der vrist
Kungisberc, dem grôzin hêrn
kung Ottackir zu êrn,
der êrst zu der bûwunge rît.
Dî selbe burc dî prûzsche dît
Twangste nante in der stunt,
nâch einim walde, der dâ stûnt.
Dise bûwunge inzwârn
geschach in unsirs herren jârn
tûsint drithalbhundirt
und vumfe drûf gesundirt.

Deshalb zog der edle und teure König
alsbald freudig
wieder in sein Reich.

Von der Erbauung der Stadt Königsberg

Nach des Königs Wegzug
wurde nicht lange gewartet:
Ohne zu zögern, begannen
die Brüder in hinreichender Menge
an Werkzeug und Gerät herzurichten,
was zum Bauen erforderlich war.
Und als das alles bereit war,
da wurde ein Heereszug ausgerüstet,
auf dem die Brüder
alle Prussen,
denen sie vertrauten, mit sich nahmen,
und sie erbauten
auf dem vorgenannten Berg
das Werk einer starken Burg,
dort wo noch heute die alte Burg ist.
Die Burg nannten sie
Königsberg, dem großen Herrn
König Ottokar zu Ehren,
der zuerst zu ihrer Erbauung geraten hatte.
Die prussische Bevölkerung nannte
diese Burg damals Twangste,
nach einem Wald, den es da gab.
Diese Erbauung
erfolgte in den Jahren unseres Herrn
tausend zweihundertfünzig
und noch fünf einzelne darauf.

In den selbin zîten wart
gelâzin brûdir Burghart
genant von Hornhûse
aldâ ûf dem hûse
zu eime comdûre.
Ouch gab man im zu stûre
brûdre unde volkis vil,
dî bî im blibin in dem zil.
Darnâch wart dî burc gesat
mit gebûwe an dî stat
des selbin bergis sô besît,
dâ sî ouch noch hûte lît,
mit zwên mûrin bevân,
dâ sîn wol nûn turme an.

Wî Samelant von den uncristin wart vorhert und dî burc Wilow wart gebûwit

Des selbin jâris, als ich las,
daz Kungisberc gebûwit was,
dô zurntin dî Nadrowin,
Schalowin und Sudowin,
dî besezzin heidin,
daz sich von in gescheidin
dî Samelander hêtin
unde wârn getretin
in ein cristinlîchiz leben
und hattin sich irgebin
den brûdrin; want daz worchte
in alsulche vorchte,
daz sî wurdin ouch darnâch
betwungin, alz iz doch geschach.

Damals wurde
Bruder Burchard,
genannt von Hornhausen[22],
dort auf der Burg
als Komtur zurückgelassen.
Man gab ihm auch zur Unterstützung
zahlreiche Brüder und Leute,
die bei ihm blieben.
Späterhin wurde die Burg
verlegt und an jener Stelle seitwärts
desselben Berges gebaut,
wo sie noch heute liegt,
von zwei Mauern umfangen,
in denen neun Türme sind.

Wie Samland von den Nichtchristen verheert und die Burg Wehlau errichtet wurde

Im gleichen Jahr,
in dem Königsberg erbaut war,
da waren, wie ich gelesen habe, die Nadrauer,
die Schalauer und Sudauer,
diese teufelsbesessenen Heiden, wütend,
daß sich von ihnen
die Samländer getrennt hatten
und in ein christliches Leben
übergetreten waren
und sich den Brüdern
ergeben hatten. Das brachte
sie nämlich in die Angst,
daß sie gleichfalls
bezwungen würden, wie es ja auch geschah.

Dô besamintin sî sich
und hertin crefticlîch
aldâ in Samelande
mit roube und mit brande,
und slûgin unde vîngin.
Und dô sî daz begîngin
unde soldin widir dan
zogin, dô gevîl in sân
sulch ein rât in den mût,
der sî alle dûchte gût,
daz sî zu Wilow machtin
eine burg und achtin
dî zu einre warte
und vor ein slôz sô harte,
daz dî brûdre dâvur
nicht mochtin nâch ir willekur
mit den Samin gereisin
und ungewarnt geneisin
aldâ dî nadrowschin lant.
Und dô dî burc was volant,
dô bleib Tirske aldâ
zu eime houbtmanne sâ
und sîn sun Mandele,
darzû der helde vele.
Daz andre volc nam dî vart
iclîchir hin zu hûse wart.
Nû schûf der wundirbernde rât
gotis, der dâ ubirgât
in sîner wîsheite wist
alle trugin unde list,
daz dî dinc, dî durch wer
hatte der Nadrowin her
in irvundin und gemacht,

Da versammelten sie sich
und verheerten nach Kräften
überall im Samland
mit Raub und mit Brand
und erschlugen die Leute und machten Gefangene.
Und als sie das vollendet hatten
und wieder davonziehen
wollten, da kam ihnen
so ein Vorschlag in den Sinn,
der sie alle gut dünkte,
nämlich in Wehlau
eine Burg zu errichten
und die zu einer Warte zu machen
und zu einem derart festen Schloß,
daß die Brüder somit
nicht nach ihrem Belieben
mit den Samen auf Kriegszug gehen
und die nadrauischen Lande
überraschend überfallen konnten.
Und als die Burg vollendet war,
da blieb Tirsko dort
als Hauptmann
sowie sein Sohn Mandelo
und viele Bewaffnete.
Vom anderen Heervolk nahm jeglicher
den Weg nach Hause.
Nun bewirkte der wunderschaffende Ratschluß
Gottes, der da
in der Fürsorge seiner Weisheit
allen Trug und alle List zuschanden macht,
daß das, was das Heer der Nadrauer
sich zum Schutz
erdacht und gemacht hatte,

zu valle wurdin in ein schacht
und ir selbmachter strik
warf sî in mortlîchin schrik,
want dî gotis gûte
tet Tirskin gemûte
des houbtmannis inzwârn
und ouch den, dî mit im wârn
ûf der vestin vorgenant,
sô irlûcht und inprant
mit sîner gnâdin vûer,
daz sî dî gote ungehûer
vorwurfin und vorsmâtin
und zu den brûdrin trâtin
in cristnengeloubin
und hulfin den betoubin
und vortilgin mit craft
dî vorwâzene heidinschaft.

W*î Wûnsdorf gehert wart und eine burc dâ gewunnen*

Nû was dî gelêge
und ouch al dî wege
in dî bîgeseznen lant
deme Tirsken wol bekant.
Des bûwt ûf sîns geleitis stûr
von Kungisberc der comentûr
unde lût zusamin
in ein her dî Samin
unde reiste mit der dît
zu Wûnsdorf in daz gebît,
daz er ouch ungewarnit vant,

zum Sturz in die Grube wurde,
und ihr selbstgedrehter Strick
brachte sie in tödlichen Schrecken.
Gottes Güte nämlich
machte die Herzen Tirskos,
des Hauptmannes,
sowie all derer, die mit ihm
auf der vorgenannten Burg waren,
derart erleuchtet und entzündet
mit dem Feuer seiner Gnade,
daß sie die Abgötter
verwarfen und verschmähten
und zu den Brüdern
in den Christenglauben übertraten
und ihnen hinfort halfen, mit Gewalt
die verfluchte Heidenschaft
zu vernichten und zu vertilgen.

Wie Wohnsdorf verheert und dort eine Burg erobert wurde

Nun waren die Verhältnisse
und auch alle Wege
in die angrenzenden Lande
dem Tirsko bestens bekannt.
Deshalb baute auf die Hilfe seiner Führung
der Komtur von Königsberg
und rief die Samen
zusammen in ein Heer
und zog mit all dem Volk
in das Gebiet von Wohnsdorf,
das er gänzlich ungewarnt vorfand.

unde stalte zû zuhant
mit leitirn und gerête,
daz er dâ mit im hête,
unde trat mit sînen an
sturmende, unz er gewan
dî burc, dî dâ genennit was
Capostête, als ich las.
Ûf der selbin vestin gnûc
vînc er heidin unde slûc
und zu aschin sî vorbran.
Nicht inquam er ouch von dan,
unz er daz gebîte gar
vorherte beide her und dar
mit roube, morde, brande.
Dô schît er êrst zu lande.

W*î Wûnsdorf sich satzte*

Nâch dirre schicht vorwâre
in dem andrin jâre
besaminte sich andirweit
der comentûwer vorgeseit
von Kungisberc brûder Burghart
unde machte eine vart
mit einem here starke
abir in dî marke
zu Wûnsdorf, dâ er ouch belac
eine vestin, dî man pflac
nennen Ouctolîte,
dî er in der zîte
gewan und vorbrante ouch;
darzû daz lant er durchzouch

Und alsbald brachte
er Leitern und Gerätschaften,
die er mit sich führte, in Anschlag
und trat mit seinen Leuten
zum Sturm an, bis er
die Burg eingenommen hatte, die,
wie ich gelesen habe, Capostete hieß.
In dieser Festung
fing und erschlug er Heiden in großer Zahl
und verbrannte die Burg zu Asche.
Er kehrte auch nicht eher von dannen,
ehe er das Gebiet völlig
hin und her verheert hatte
mit Raub, Mord und Brand.
Dann erst schied er nach Hause.

Wie Wohnsdorf unterworfen wurde

Nach diesem Ereignis,
im folgenden Jahre,
rüstete sich abermals
der vorgenannte Komtur
von Königsberg, der Bruder Burchard,
und unternahm
mit einem starken Heerhaufen einen Kriegszug
wiederum in die Mark
von Wohnsdorf, wo er
eine Burg belagerte, die man
Ochtolite zu nennen pflegte,
und die er alsbald
eroberte und verbrannte.
Außerdem zog er durchs Land,

roubinde und vâhinde,
burninde und slâhinde
dî vîende der cristenheit.
Nû sâhin daz vreislîche leit
ouch in inkegin schurgen
dî dît von den drîin burgen,
dî sus namen hêtin:
Gundow, Angetêtin,
Unsatrapis dî dritte.
Sî merktin ebin ditte,
daz got vor dî brûdre vacht
und vorblichin was ir macht
sô gar, daz sî in keinem wân
den cristin mochtin widirstân.
Hîvon sî gîsle satin
und sich undirtâtin
den brûdrin dêmûticlîch
und dem geloubin cristinlîch.

Wî ein teil des landis Natangin wart gehert

Dise nûwen cristin
von Wûnsdorf in den vristin
der commentûwir an sich nam,
darzû sîn volc allintsam,
daz er mochte dô gehân,
und zogte mit den sân
zu Natangin in ein gebît,
daz mit der Natangischin dît
nicht lîbete des vridis pflicht,
der dâ was zuletst bericht,

raubend und sengend
und die Feinde der Christenheit
gefangennehmend und totschlagend.
Nun sahen das furchtbare Leiden
auch auf sich zukommen
die Besatzungen von drei Burgen,
die wie folgt hießen:
Gundau, Angetetin
und die dritte Unsatrapis.
Sie nahmen wahr,
daß Gott auf seiten der Brüder kämpfte
und ihre eigene Macht so sehr geschwunden war,
daß sie keine Hoffnung hatten,
den Christen widerstehen zu können.
Von daher stellten sie Geiseln
und unterwarfen sich
demütig den Brüdern
und dem christlichen Glauben.

Wie ein Teil des Landes Natangen verheert wurde

Diese neubekehrten Christen
von Wohnsdorf
nahm der Komtur zu sich,
dazu alle seine Leute,
die er zusammenraffen konnte,
und zog mit ihnen alsbald
nach Natangen in ein Gebiet,
das mit dem natangischen Volk
nicht die Pflichten des Friedens[23] einhielt,
der da zuletzt gestiftet war,

unde macht iz toube
mit brande unde roube.
Goduckin er ouch tôte,
der der gegenôte
houbtman zu den zîtin was
mit zwên sunen, als ich las,
darzû andris volkis vil
Er vûrt ouch dannen in dem zil
sîn wîb und sîn gesinde gar
mit andirme roube vorwâr.

V*on der kumft des marcgrêven von Brandinburc*

In dem selbin jâre
unsirs hêrrin vorwâre
tûsint drithalbhundirt
vumfe darûf gesundirt
quam zu Prûzin sundir wân
von Brandinburc marcgrêve Jôhan,
ein hêrre in strîte grôzir tucht,
und mit im ein michil trucht
von rittirn unde knechtin,
dî alle gertin vechtin
durch got kegn dî heidinschaft,
ob iz in mochte sîn geschaft.
Nû was der wintir alsô lâ,
dô sî wârin kumin sâ,
daz sî wedir hî noch dâ
den vîendin mochtin alsô nâ
kumen, daz sî hêttin icht
in geschat in keinir schicht;

und er verwüstete es
mit Raub und Brand.
Er tötete auch Goduck,
der damals Hauptmann
in dieser Gegend war,
zusammen mit zwei Söhnen, wie ich gelesen habe,
ferner viel andere Leute.
Er führte damals auch
dessen Frau und Gesinde
mit der sonstigen Beute davon.

Von der Ankunft des Markgrafen von Brandenburg

Im gleichen Jahr
unseres Herrn
tausendzweihundertundfünfzig
und fünf noch darauf
kam nach Preußen
Markgraf Johann von Brandenburg[24],
ein Herr von großer Tüchtigkeit im Kampf,
und mit ihm ein großes Gefolge
von Rittern und Knechten,
die es alle verlangte, um der Ehre
Gottes willen gegen die Heidenschaft zu kämpfen,
wenn es sich machen ließ.
Nun war aber der Winter derart lau,
als sie angekommen waren,
daß sie weder hier noch dort
den Feinden so nahe zu kommen
vermochten, daß sie ihnen
in irgendeiner Weise hätten schaden können.

want iz ist alsus gelegin
den landin dâ in mittewegin,
dâ ist wâg unde mot
und sulch ungeverte ôt,
daz zu rosse dâ dî vart
iclîchim here ist vorspart,
iz sî der wintir danne sô hart,
daz mit sîner kelde art
er dî wege brucke.
Dem hêrrin daz gelucke
in den zîten was vorseit;
des was im und den sînen leit,
daz ir ger alsô vortarb.
Îdoch ir wille lôn irwarb
hoffe ich ganz an gote.
Sus mûste er und dî rote
âne strîtis ande
widir varin zu lande.

V*on brûdir Gêrharde dem meistre von Prûzinlande*

Von Hirzberc brûdir Gêrhart
zu Prûzin vîrde meistir wart
und trûc daz ammecht zwei jâr.
Vil gûtis stifte er vorwâr
ûf nutz dem selbin lande.
Darnâch er sich wande
kegn dûtschin landin widir
unde wart dâ sidir
zu lantmeistir gehabin.
Dâ starb er ouch und wart begrabin.

Denn die Lande sind dort
im Innern so beschaffen
mit Wasser und Sumpf
und auch solcher Unwegsamkeit,
daß ein Kriegszug zu Roß
jedem Heer versperrt ist,
es sei denn, der Winter ist derart streng,
daß er mit seiner Kälte
die Wege überbrückt.
Dem Herrn war damals
das Glück versagt.
Das war ihm und seinen Leuten leid,
daß ihr Verlangen derart verdarb.
Doch auch ihr Wille erwarb sich Lohn,
wie ich sehr zu Gott hoffe!
So mußten er und seine Schar,
ohne einen Kampf ausgeführt zu haben,
wieder nach Hause ziehen.

V*on Bruder Gerhard, dem Meister von Preußen*

Bruder Gerhard von Hirzberg[25]
wurde in Preußen der vierte Meister
und übte das Amt zwei Jahre lang aus.
Er stiftete wahrlich viel Gutes
zum Nutzen dieses Landes.
Anschließend wandte er
sich wieder zu den deutschen Landen
und wurde dort späterhin
zum Landmeister erhoben.
Dort ist er auch gestorben und begraben.

Von eime lobelîchen lebene eines brûdirs des conventus zû Kungisberc

In der zîte rente
sach man in dem convente
Kunsberg einen brûdir sîn
genennit Herman Sarrazîn,
und was von Swâbin geborn.
Der selbe, dô der dâ bevorn
in werltlîchir wîse was,
dô pflag er stête, als ich las,
daz er Marîen gotis trût,
sîn tochtir, mûtir und sîn brût,
sô rechte lîb hatte î,
daz er des mit nichte lî,
swer in durch iren namen bat
iz wêre dit odir dat,
den bitter er gewerte,
swes er an im gerte,
ob im der macht ôt nicht gebrach.
Hîvon in einir zît geschach,
dô er in eines strîtis dram
gevangin einen rittir nam
und den beschatzin solde
nâch willin, als er wolde,
den rittir hîlt er harte
in bandin und mit warte,
ûf daz er im ôt gêbe vil.
Zu jungist satzt er im ein zil,
eine beschatzunge grôz,
unde sprach: „Nû wizzit blôz,
sulch gelt sult ir mir gebin,
odir ich wil ûwir lebin

Vom lobenswerten Leben eines Bruders aus dem Konvent zu Königsberg

In dieser Zeit
sah man im Konvent
von Königsberg einen Bruder
namens Hermann Sarrazen,
der aus Schwaben gebürtig war.
Als derselbe zuvor
im weltlichen Stande lebte,
da war es, wie ich gelesen habe, seine Gewohnheit,
daß er je Maria, Gottes Geliebte,
seine Tochter, Mutter und Braut,
so recht lieb hatte,
daß er um nichts unterließ,
einem Bittsteller, der ihn in ihrem Namen bat
(es mochte dies oder das sein),
zu gewähren,
was er von ihm verlangte,
sofern es ihm nur möglich war.
Hiervon geschah es zuzeiten,
als er im Getümmel eines Kampfes
einen Ritter gefangen hatte
und ihn nach seinem Willen
schatzen wollte,
da hielt er den Ritter streng
in Banden und unter Aufsicht,
auf daß er ihm ja viel Lösegeld gäbe.
Schließlich setzte er ihm die Forderung
eines hohen Lösegeldes
und sagte: „Nun wißt denn,
solchen Betrag sollt Ihr mir geben,
oder ich werde Euer Leben,

âne vrist vorschrôtin."
Der rittir was in nôtin,
want er nicht enhâte
der beschatzunge state.
Des twang in manig angist hart.
Zu jungist im gerâtin wart,
daz er eine bete
alsus an im tête,
daz er durch Marîe
dî reine wandils vrîe
in nicht sô hô beschatzte.
Zuhant, dô er gesatzte
dise bete kegin im,
er sprach: „Rittir, nû vornim,
dî bete dir sô nutze sî:
bis allir beschatzunge vrî!"

V*on dem selbin brûdre*

Dirre brûdir Herman,
dô der itzunt was intpfân
zu dem dûtschin ordin
und îdoch nicht wordin
dennoch des ordins brûdir was,
dô sold er rîtin, als ich las,
inpfâhin der cleidunge segn.
Nû secht – dô vant er undirwegn
ûf einem plâne rittir vil
ûbinde dâ rittirspil
mit juste, mit hurdîren,
mit schuste, mit turnîren.
Und dô er in dî nêhe quam,

ohne länger zu warten, zerschlagen."
Der Ritter war in großen Nöten,
denn er war zu diesem
Lösegeld nicht in der Lage.
Deswegen drückte ihn schreckliche Angst.
Zuletzt wurde ihm geraten,
an ihn die Bitte
zu richten,
daß er um Marias willen,
der Reinen und Makellosen,
ihn nicht gar so hoch schatze.
Augenblicklich, als er
diese Bitte ihm gegenüber geäußert hatte,
sagte dieser: „Ritter, hör zu,
die Bitte bringe dir Nutzen wie folgt:
Sei aller Schatzung ledig."

V*on ebendiesem Bruder*

Als dieser Bruder Hermann
jetzt im Deutschen Orden
aufgenommen,
jedoch noch nicht
des Ordens Bruder geworden war,
da sollte er, wie ich gelesen habe, reiten,
um den Segen der Einkleidung zu empfangen.
Nun seht, da traf er unterwegs
auf einem Plan viele Ritter,
die da Ritterspiele trieben
mit Tjost, Buhurdieren
und mit Turnieren.[26]
Und als er in die Nähe kam,

einen rittir er vornam
ûf der bane dâ gereit
mit wâpenin wol angeleit
und rittirlîch gezîrit,
man unde ros vorlankenîret,
vor dem wart sus gecreîret,
ob îmant dô wêre
sô tuchtic, sô gewere,
der in mit dem spere
wold in schuste bestân
umme habe, als der man
dâ zu velde quême;
daz rîtin ouch gezême
zu êrin der juncvrouwin sîn.
Dô diz hôrte Sarrazin,
der rede bleib er unvorzait.
Er hofte an dî zarte mait,
dî er in lîbe hatte irkorn
und ir zu dînste sich gesworn,
Marîen ich dô meine.
Durch dî sûze reine
stapft er ûf dî bane,
und allis zwîvils âne
sprencte er den rittir an
und stach in sundir wân
in dem êrstin rîtin,
daz man in sach glîtin
mit valle ûf dî erde.
Dî wâpin mit dem pferde
er den armin dâ vorgab
und reit alsô her ab.

bemerkte er einen Ritter,
der auf der Kampfbahn bereit hielt,
wohlgerüstet
und ritterlich ausstaffiert,
Mann und Roß gedeckt.
Von dem wurde ausgerufen,
ob da wohl jemand
so tapfer und tüchtig wäre,
daß er ihn mit dem Speer
im Zweikampf bestehen wolle
um den Preis der Habe,
mit der der Mann zum Kampfplatz kommt;
auch solle das Reiten
zur Ehre seiner Herrin geschehen.
Als das Sarrazen hörte,
blieb er ob der Rede unverzagt.
Er vertraute auf jene teure Jungfrau,
die er sich in Zuneigung erwählt
und der er sich verschworen hatte –
ich meine Maria.
Um der gütigen reinen willen
stapfte er auf die Kampfbahn,
und ohne den geringsten Zweifel
sprengte er gegen den Ritter
und stach ihn wahrhaftig
schon beim ersten Anritt herab,
so daß man ihn im Sturz
auf die Erde gleiten sah.
Die Rüstung samt dem Pferd
verschenkte er an die Armen
und ritt seines Weges.

Von dem selbin brûdre

Dô dirre selbe brûdir
gelîz des werlde lûdir
und in den ordin sich geswûr,
alle îtillîche vûr
meit er vollinclîchin dô
und steig an tugindin hô.
Dâvon ouch daz irvundin wart,
daz Marîe dî magit zart
in touginlîchim trôste
ofte mit im kôste.
Und in einir zît geschach,
daz er sî im irschînen sach
mit betrûbtim antlitze.
Dâ vrâgte er mit witze,
von welchir hande swêre
sî betrûbit wêre.
Dô antwurte sî unde sprach:
„Mir ist daz ein ungemach,
daz dî lîbin sune mîn,
des dûtschin ordins brûdre dîn,
ôt ettiswenne pflâgin
redin unde vrâgin
in collâcien mit gir
von mîme sune und von mir
und von der heiligin lebin.
Nû louft ir rede unebin;
swen sî zusamin kumin,
ir kôsen gibt unvrumin;
sî trinkin odir ezzin,
unsir sî vergezzin
unde kêrin irin sin

Von dem gleichen Bruder

Als dieser gleiche Bruder
die Verlockung der Welt hinter sich gelassen
und sich in den Orden verschworen hatte,
da vermied er gänzlich
alle nichtige Lebensweise
und stieg hoch hinauf an Tugenden.
Deshalb bemerkte man auch,
daß Maria, die zarte Jungfrau,
in heimlichem Einverständnis
oft mit ihm plauderte.
Zu einer Zeit geschah es,
daß er sie erscheinen sah
mit betrübtem Gesicht.
Da fragte er sie eindringlich,
von welcherart Kummer
sie so betrübt wäre.
Da antwortete sie und sagte:
„Mir ist es ein Ungemach,
daß meine lieben Söhne,
deine Brüder des Deutschen Ordens,
vormals
zu reden und zu fragen pflegten
voller Verlangen in ihren Gesprächen bei Tisch
über meinen Sohn und mich
und über das Leben der Heiligen.
Jetzt jedoch läuft ihre Rede ganz anders:
Wenn sie zusammenkommen,
so wirkt ihr Gespräch Sünde:
Ob sie trinken oder essen,
sie vergessen uns
und lenken ihren Sinn

mit îtillîchin wortin hin
ûf wertlîchir vurstin tât,
waz der iclîchir begangin hât;
daz sint in sûze mêre
und ist mir ein swêre."

Von brûdre Hartmanne dem lantmeistre zu Prûzin

Der vumfte meistir, als ich las,
zu Prûzin in dem lande was
von Grûnbach brûdir Hartman
und was drîe jâr daran.
Des werc mit dem namin
trûgin glîch zusamin,
want er was ein man vil hart.
Ein zûname im ouch wart,
daz man in nante Wâtmâl
in dem lande ubiral
nâch eime grobin tûche,
daz er in kargim rûche
êrst dî brûdre tragin hîz.
Dirre selbe ouch burnin lîz
zum Elbinge offinbâr
vor alle der gemeinen schar
zwêne sînir brûdere,
dî nâch des tûvils lûdere
sich hattin ein teil gericht
und zu den Prûzin gepflicht,
dô dî nach dem strîte sich
vornôgîrtin unbillîch,
der zu Kûrlande geschach,

mit nichtigen Worten
auf die Taten weltlicher Fürsten,
was wohl deren jeder vollbracht hat.
Das sind ihnen angenehme Geschichten,
und das macht mir Kummer."

V*on Bruder Hartmann, dem Landmeister von Preußen*

Der fünfte Meister im Lande Preußen
war, wie ich gelesen habe,
Bruder Hartmann von Grumbach[27],
und er war drei Jahre lang im Amt.
Seine Taten paßten mit dem Namen
gleichartig zusammen,
denn er war ein sehr harter Mann.
Ein Zuname wurde ihm auch gegeben,
indem man ihn ‚Watmal'
überall im Lande nannte
nach dem groben Tuch,
das er in strenger Obsorge
zuerst den Brüdern zu tragen aufgab.
Ebendieser ließ auch öffentlich
in Elbing
vor allem Volk
zwei seiner Brüder verbrennen,
die der Verlockung des Teufels
erlegen waren
und sich mit den Prussen verbunden hatten,
als die nach dem Kampf,
der in Kurland geschehen war,
vom Glauben abgefallen waren,

als ûch gesait wirt hernâch.
Und dô der pâbist diz vornam,
in sô grôzin zorn er quam,
daz er den selbin Hartman
gebôt der meistirschaft irlân
und in in dî jârbûze î
setzin, darzû alle dî,
dî gegebin hattin rât
zu der unbescheidnen tât.

V*on der bûunge einer burc Karsowin ûf sente Georginberge*

In den selbin zîtin wart
gesant brûdir Burghart
von Hornhûsen genant
von Prûzin hin in Lîflant
und den brûdrin dâ gegebin
zu meistere; und want er ebin
weste dî geleginheide
dirre lande beide
und konde minnenclîch
irbîten allin lûtin sich,
des vûgete der gotis degn,
daz dî brûdre beidir wegn
von Prûzin und Lîflande
in glîchir wâge ande
an kost und an arbeit
bûwitin eine burc gereit,
als man mochte schouwin,
aldâ zu Karsowin
ûf sente Georginberge

wie euch später noch ausgeführt wird.
Und als das der Papst[28] erfuhr,
geriet er in einen so großen Zorn,
daß er befahl, diesen Hartmann
aus dem Meisteramt zu entlassen
und ihn in die Jahresbuße[29]
zu tun, und mit ihm alle diejenigen,
die ihren Rat
zu dieser maßlosen Tat gegeben hatten.

Von der Erbauung der Burg Karsowin auf Sankt Georgenberg

In diesen Zeiten wurde
Bruder Burchard,
genannt von Hornhausen,
von Preußen nach Livland[30] geschickt
und den dortigen Brüdern
zum Meister gegeben. Und weil er
die Situation
dieser beiden Länder genau kannte
und sich allen Leuten
auf freundliche Weise zu empfehlen vermochte,
so bewirkte es dieser Gottesstreiter,
daß die Brüder
von Preußen sowohl wie von Livland
mit gleichverteilter Last
an Geld und Arbeit
eine Burg errichteten,
wie man sehen konnte,
dort zu Karsowin
auf Sankt Georgenberg

widir der heidin erge,
des in den selbin vristin
was vil nôt den cristin.
Und dô dî burc gebûwit was,
von beidin landin man ûzlas
brûdir genûg und wêpenêre,
dî zu strîte hattin gere,
daz sî dî burc soldin bewarn.
Daz was in unsirs hêrrin jârn
tûsint und drithalbhundirt
nûne darûf gesundirt.

Von eime strîte in Kûrlande, dâ andirhalbhundirt brûdir und vil cristinerlûte geslagin wart

In den jârin unsirs hêrin
dô der vorloufin wêrin
tûsint und zweihundirt
und sechzic drûf gesundirt,
dî brûdre von Lîflande quâmin
und dî von Prûzin zusamin
in zwên herin mechtic
und alsô eintrechtic,
daz sî dî brûdre woldin
spîsin, als sî soldin
ûf sente Georginberge aldâ.
Und dô sî quâmin in dî nâ
bî dî burg, ein bote quam,
von dem man bôse mêr vornam.
Er jach, daz wol vîrtûsunt
Littowin hêttin in der stunt

gegen die Bosheit der Heiden,
was in dieser Zeit
den Christen bitter not war.
Und als diese Burg erbaut war,
wählte man aus den beiden Ländern
genügend Brüder und Bewaffnete,
die kampfwillig waren,
um die Burg zu schützen.
Das geschah in den Jahren des Herrn
tausendundzweihundertfünfzig
und noch neun einzelne drauf.

Von einem Kampf in Kurland, bei dem anderthalbhundert Brüder und viele Christen erschlagen wurden

In den Jahren unseres Herrn,
als von ihnen verstrichen waren
tausendundzweihundert
und noch sechzig,
kamen die Brüder von Livland
und die von Preußen
in zwei mächtigen Heeren zusammen,
in der gemeinsamen Absicht,
die Brüder auf Sankt Georgenberg
mit Lebensmitteln zu versorgen,
wie es sich gehörte.
Und als sie in die Nähe
der Burg gelangten, kam ein Bote,
von dem man böse Neuigkeiten hörte.
Er sagte, daß an die viertausend
Litauer[31] soeben

ein ende von Kûrlande
mit roube unde brande
alzû vreislîch vorhert;
ouch sô hatte ir swert vorzert
manchin cristinlîchin lîb;
und daz sî kindir unde wîb
unde roubis habe
sô vil tribin hin abe,
daz des nîmant voltrachtin
mochte noch volachtin.
Dô diese mêre vornâmin
dî brûdre, sî irquâmin
darzû dî her beidirsît
und begondin in der zît
sich vil snelle richtin zû,
als sî woldin dise mû
an den heidin andin
und ûz iren handin
lôzin dî armen cristin,
dî sî in den vristin
tribin hin gevangin.
Und dô sî sus begangin
wârin, wî sî schiktin sich,
dô vrâgte brûdir Heinrîch,
den man dô marschalc hatte,
einen der hîz Matte
und was von Pomezên,
Pippînis sun, sus hôrte ich jên,
in welchir wis er rîte,
daz sî der heidin dîte
nû mit strîte quêmin an.
Dô antworte im der man
und sulchin rât dâ gab,

einen Teil Kurlands
mit Raub und Brand
furchtbar verheert hätten.
Auch hatte ihr Schwert
so manches Christenleben ausgelöscht.
Und Kinder und Frauen
und derart viel geraubten Besitz
trieben sie hinweg,
daß es niemand zu ermessen
noch genau anzugeben vermöchte.
Als die Brüder diese Botschaft
vernahmen, da erschraken sie
und ebenso die beiden Heere,
und sie begannen sich sogleich
mit allem Eifer darauf vorzubereiten,
das Unglück
an den Heiden zu rächen
und die armen Christen
aus ihren Händen wieder zu befreien,
die sie zur Zeit
gefangen dahintrieben.
Und als sie in Verlegenheit waren,
wie sie sich anstellen sollten,
da fragte Bruder Heinrich,
den man da als Marschall[32] hatte,
einen, der Matto hieß,
aus Pomesanien stammte
und Pippins Sohn war (wie ich gehört habe),
in welcher Weise er reiten sollte,
damit sie das Volk der Heiden
mit Kampf überziehen könnten.
Da antwortete ihm der Mann
und gab ihm folgenden Rat.

er sprach: „Ich râte, daz wir ab
tretin von den pferdin
und schickin, daz dî werdin
von uns gevirrit sô wît,
daz nîmant habe besît
darzû zu vlîhin dî mûze,
unde strîte wir zu vûze;
sus mûz daz volc, sô sî inpern
der pferde, sich bî nôte wern
und in dem strîte blibin;
andirs sî zutrîbin
sich in vlucht sundir wân.“
Den rât widirsprâchin sân
von Revele dî rittirschaft,
dî dem kunge sô gehaft
von Denemarkin wârin
mit dînste in den jârin,
und ouch andre lûte gnûc.
Ir meinunge darûf wûc,
daz sî nicht âne pferde
von der wâpene swêrde
in strîte mochtin dûrin.
Nû trâtin her dî Kûrin,
dî ouch dâmite vûrin
in der reise gemeinlîch,
unde bâtin vleilîch,
ob iz sô gevûgte sich
dô der cristnen rote
genêm den sic von gote
daz man in wîb unde ir kint
vrîe wolde widir gebin sint.
Der bete zu gewerne
hêttin dî brûdre gerne

Er sagte: „Ich rate,
daß wir von den Pferden absitzen
und veranlassen, daß diese
so weit von uns entfernt werden,
daß niemand Gelegenheit hat,
zu ihnen hinzufliehen,
und daß wir zu Fuß kämpfen.
So müssen sich die Leute, wenn sie
keine Pferde haben, notgedrungen wehren
und im Kampf bleiben;
anderenfalls zerstreuen sie sich
zweifelsohne in die Flucht."
Diesen Rat verwarfen sogleich
die Ritter aus Reval,
die damals dem König
von Dänemark[33]
mit Dienst verbunden waren,
und auch viele andere Leute.
Ihre Meinung ging dahin,
daß sie wegen der Schwere der Rüstung
nicht ohne Pferde
im Kampf durchhalten könnten.
Jetzt traten die Kuren heran,
die gleichfalls
in der allgemeinen Heerfahrt mitzogen,
und baten flehentlich,
man möge ihnen, falls es sich so fügte,
daß der Christentrupp
von Gott den Sieg erhalten würde,
ihre Frauen und Kinder
wieder freilassen und zurückgeben.
Diese Bitte zu gewähren,
hätten sich die Brüder ihnen wahrlich

sich irscheinit in vorwâr;
abir dî gemeine schar
von beidin landin widirsprach
dise rede unde jach,
daz man iz solde haldin
mit in nâch der aldin
gewonheit, als man hatte ê
getân in manchim strîte mê.
Hîvon gewunnen sulchen nît
dî Kûrlander in der zît
mit zorne ûf dî cristin,
daz sî in den vristin,
dô der brûdir trucht began
dî Littouwin strîtin an,
in velslîchin unvûgin
vîentlîchin slûgin
hindin ûf der brûdir her
sam vornôgîrte dît gevêr.
Sus dî Littowin vorne,
sî hindirwart mit zorne,
ûf dî cristnen strittin
in sô hezlîchin sittin,
daz daz volc der wer vorzeich
und von den brûdrin weich
vluchtic gemeinlîche.
Doch wîstin sumelîche
edelin von Prûzin sich
den brûdren dâ getrûwlîch,
sô daz sî blibin bî in stân.
Der einer, als ich vornumin hân,
von Quednow was ein Same
Sclôde was sîn name,
Nalubin vatir irkant.

gern erkenntlich gezeigt,
doch der allgemeine Haufe
aus beiden Ländern widersprach
dieser Rede und sagte,
man solle es mit ihnen
nach alter Gewohnheit halten,
wie man es früher
in manch anderem Kampf getan hatte.
Hiervon bekamen die Kurländer
damals solchen Haß
und Zorn auf die Christen,
daß sie in dem Augenblick,
als die Schar der Brüder anfing,
die Litauer anzugreifen,
in treulosem Abfall
feindselig von rückwärts
auf das Heer der Brüder einschlugen,
als ein hinterlistig abgefallenes Volk.
So drangen die Litauer von vorn
und sie von hinten voller Wut
in derart haßvoller Weise
auf die Christen ein,
daß das Kriegsvolk die Gegenwehr aufgab
und in allgemeiner Flucht
von den Brüdern wich.
Doch erwiesen sich etliche
Edle von den Prussen
den Brüdern als treu,
so daß sie bei ihnen ausharrten.
Einer von ihnen war, wie ich gehört habe,
ein Same von Quednau,
mit Namen Sclode
(der Vater des Nalube).

Dirre Prûze vorgenant
rîf zusamen in der stunt
al sîne mâge unde vrûnt,
dî man aldâ wesin sach,
unde menlîch zu in sprach:
„Ô ir vrumin lûte,
ir sult gedenkin hûte
an der schônin kleidre wât,
dî ir oft intpfangin hât
von der brûdre mildekeit,
unde lât des lîbis kleit
durch jenir kleidir varwe fîn
huite in der martir pîn
mit ûwerim blûte rôtin!
Gedenkit in disin nôtin
an des metis sûzekeit,
der ûch von in was gereit
mit anderen getrenkin,
unde lât ûch schenkin
des bittirlîchin tôdis tranc
huite mit in um den danc,
der ûch wirt gegebin dort
mit êwigir vroidin hort
in des himils lande
um des geloubin ande!"
Nâch dirre manunge gût
gevaztin sî sô starkin mût,
daz sî âne sûmen gar
trâtin bî dî brûdre dar
ellintlîchin in den strît
unde strittin in der zît
sam dî tûrin kempfin.
Man sach ir swert dâ dempfin

Dieser Prusse
rief dazumal
all seine Verwandten und Freunde zusammen,
die man ebendort anwesend sah,
und sagte zu ihnen mannhaft:
„Fürwahr, ihr braven Leute,
ihr sollt euch heute
an die schönen Kleider erinnern,
die ihr oft durch die Milde
der Brüder empfangen habt:
Laßt nun das Kleid eures Körpers
für die schöne Farbe jener Kleider
sich heute in der Pein des Martyriums
mit eurem Blute röten!
Gedenkt in diesen Nöten
auch der Süße des Metes,
der euch von ihnen
mit anderen Getränken gegeben wurde,
und laßt euch heute den Trank
des bitteren Todes einschenken,
zusammen mit ihnen um den Dank,
der euch dort
mit der Fülle ewiger Freuden
im Lande des Himmels
um des Glaubens willen gegeben wird."
Nach dieser frommen Ermahnung
faßten sie einen so starken Mut,
daß sie ohne zu zögern
an der Seite der Brüder
tapfer in den Streit gingen
und wie die herrlichen Helden[34]
fochten.
Man sah ihre Schwerter dämpfen

manchin stolzin heidin
in vîentlîchin vreidin.
In den stunden aldâ wart
ein strît sô vreislîch und sô hart,
daz von beidin sîtin vil
volkis in dem selbin zil
vallinde dar tôt bleib.
Dî nôt sich alsô lange treib,
unz iz doch ubir dî cristin gînc,
als des got dô vorhînc.
Dî heidin dâ den sig irkurn
und dî brûdre vorlurn,
want iris heris macht
was vorswundin und geswacht,
sint daz dî gemeine trucht
von in karte zu der vlucht.
In dem strîte tôt gelac
an sente Margarêtin tac
brûdir Burghart, als ich las
von Hornhûsin, der dô was
meistir ubir Lîflant,
und brûdir Heinrîch Bote genant,
der marschalc dâ von Prûzin.
Ouch blibin in den strûzin
brûdre sus gesundirt
wol vumfzig unde hundirt
âne andir cristinlîche dît,
der sô vil was, daz ich nit
ir mac hî beschrîbin al,
want ich nicht enweiz der zal.
Got, der sî alle zalde,
mit êwigir sâlde
in den tôt vorgelde!

manch stolzen Heiden
in seinem feindlichen Übermut.
Da hob
ein so schrecklicher und harter Kampf an,
daß auf beiden Seiten
viel Kriegsvolk
fiel und tot liegen blieb.
Die Not zog sich so lange hin,
bis es schließlich doch über die Christen kam,
wie es Gott verhängt hatte.
Die Heiden erfochten den Sieg,
und die Brüder verloren,
denn die Macht ihres Heeres
war geschwunden und geschwächt,
nachdem sich das gemeine Gefolge
von ihnen ab und zur Flucht gewandt hatte.
In diesem Kampf an Sankt Margareten Tag[35]
blieb tot liegen,
wie ich gelesen habe, Bruder
Burchard von Hornhausen,
der Meister über Livland war,
und Bruder Heinrich Botel,
der Marschall von Preußen.
Es blieben auch in diesen Auseinandersetzungen
an Brüdern weiterhin
einhundertfünfzig,
ohne das sonstige christliche Kriegsvolk,
von dem es so viele waren, daß
ich es hier nicht alles beschreiben kann,
denn ich weiß die Anzahl nicht.
Gott, der sie alle gezählt hat,
möge ihnen mit der ewigen Seligkeit
den Tod vergelten!

Der strît ûf einem velde
geschach dort in Kûrlande
bî einis wazzirs strande,
daz man Durbin nande.
Ô sûzir got, diz ande!-
Dô dirre mort was irgân,
dô volgetin dî vîende sân
den vluchtigin cristin,
dî ouch in den vristin
alsô gar vorzagit wârin,
swâ sî mochtin ubirvarin
drie heidin oder vîre,
dî sach man ir vil schîre
irslân sundir alle wer
lîchte hundirt oder mêr,
odir sî vorjagin
sam dî veigin zagin.
Eiâ und ach, nû merkit
wî sêre dâ gesterkit
wurdin dî vîande
von sô manchirhande
roube, wâpin, pferdin
dî sî den gotis werdin
heldin nâmen in der stunt,
der sô manic tûsunt
ûf dem velde hî und dort
lâgin jâmirlîch irmort!
Dêswâr ires rûmis guft
zôch sich hô ûf in dî luft.
Ô hêrre, ire craft zurîb
und ir guftin gar zutrîb,
daz sî irkennen rechte,
daz nîmant andirs vechte

Der Kampf geschah
da in Kurland auf einem Feld,
am Rande eines Wassers,
das man Durben[36] nannte.
O gütiger Gott, laß das nicht ungestraft! –
Als diese Schlacht vorbei war,
da verfolgten die Feinde
die flüchtenden Christen,
zumal die auch
so gänzlich mutlos geworden waren:
Wo drei oder vier Heiden
sie anzugreifen vermochten,
sah man diese alsbald
ohne alle Gegenwehr
an die hundert oder mehr von ihnen totschlagen
oder sie wie die
verzagten Feiglinge davonjagen.
Eia und ach, nun merkt,
wie sehr da die Feinde
gestärkt wurden
durch so mancherlei
Beute, Waffen und Pferde,
die sie da den edlen
Streitern Gottes abnahmen,
von denen so viele tausend
hier und dort auf dem Felde
jämmerlich erschlagen lagen.
Wahrlich, ihr Ruhmesgeschrei
stieg hoch hinauf in die Luft.
O Herr, zerreib ihre Kraft
und vernichte ihre Prahlerei,
auf daß sie richtig wahrnehmen,
daß für uns niemand anderer

vor uns, wen dû, hêrre got!
Durch dîner tuginde gebot
ande dîner knechte blût,
daz in alsô grôzir vlût
vorgozzen ist mit vreidin
von den argin heidin!

V*on den vorzeichnen des strîtis*

Brûdir Herman Sarrazîn –
dô der mit den brûdrin sîn
dî selbe reise solde zîn,
in der man sach den strît geschîn
aldort in Kûrlande,
als ich dâ vor benande –
Marîa dô dî magit rein
in sûzim blicke im irschein
unde sprach vil senfteclîch:
„Lîber vrûnt, ich lade dich
zu der wirtschaft mînes suns,
dâ dû dich vroien salt mit uns
in êwigir sêlikeit.“
Hîvon dô er was gereit
und ûzrîtin solde dô,
hôrte man in sprechin sô
zu brûdrin sumelîchin
dêswâr vil minnenclîchin:
„Ô vil lîbin brûdre mîn,
got mûz ûwir pfleger sîn
unde gesein ûch êwiclîch!
Nimmer mêr gesecht ir mich
lebinde ûf erdin,

kämpft als du, Herr Gott!
Um das Gebot deiner Tugend willen
räche das Blut deiner Diener,
das in so großem Strom
mit Übermut
von den schlimmen Heiden vergossen wurde!

Von den Vorzeichen des Kampfes

Bruder Hermann Sarrazen,
als der mit seinen Brüdern auf
diese Kriegsfahrt ziehen sollte,
in der man den Kampf geschehen sah
dort in Kurland,
wie ich soeben berichtet habe –
da erschien ihm Maria, die reine Jungfrau,
mit süßem Blick
und sagte ganz sanft:
„Lieber Freund, ich lade dich
zum Gastmahl meines Sohnes,
wo du dich mit uns freuen sollst
in ewiger Seligkeit."
Als er bereit war
und ausreiten sollte,
hörte man ihn deshalb
zu etlichen Brüdern
wahrlich ganz liebevoll sagen:
„O, meine geliebten Brüder,
möge Gott euer Beschützer sein
und euch für immer segnen!
Ihr werdet mich lebend
auf Erden nimmermehr erblicken,

want ich von der werdin
gotis gebererinne
geladin bin von hinne
zu den êwigin wunnin.
Got des gerûche gunnin
beide ûch unde mir,
(daz ist genzlîch mîne gir),
daz wir kumen zusamen
in himelrîche. Âmen."

Ein *andir vorwîsunge des strîtes*

Ein vrouwe in einer clûsin was
zu dûtschin landin, als ich las,
dî was ein swestir irkant
brûdir Conrâdis, der genant
was von Vûchtewangin in der vart
und sint hômeistir wart
des ordins von dem dûtschin hûs.
Dise vrouwe in der clûs
vûrt ein heilic lebin rein,
dâvon ir unsir hêrre irschein
und macht ir offinbâr
dî slachtunge vil gar
in al sulchir schichte.
Sî sach in eime gesichte
dî brûdre und ir wêpenêre
strîtin kên der heidin here
und daz dî cristnen den val
nâmen in dem strîte al
und wurdin gar irslain.
Ouch sach sî sêlin train

denn ich bin von der verehrten
Gottesgebärerin
von hier weg
zu den ewigen Wonnen geladen worden.
Gott möge
euch wie mir vergönnen,
das ist mein heißer Wunsch,
daß wir im Himmelreich
zusammenkommen. Amen."

E*ine andere Vordeutung der Schlacht*

Eine Frau lebte in einer Klause
in deutschen Landen, wie ich gelesen habe,
die war eine Schwester
Bruder Konrads, der
von Feuchtwangen[37] zubenannt wurde
und später Hochmeister wurde
des Ordens vom Deutschen Haus.
Diese Frau führte in ihrer Klause
ein heiligmäßiges reines Leben,
weswegen ihr unser Herr erschien
und ihr das Gemetzel
in seinem ganzen Verlauf
offenbarte.
Sie sah in einer Vision
die Brüder und ihre Bewaffneten
gegen die Heerhaufen der Heiden kämpfen
und sah, daß die Christen in der Schlacht
eine Niederlage erlitten
und erschlagen wurden.
Auch sah sie, wie die Engel

dî engele mit vroidin grôz
in des himelrîchis schôz.

A*bir ein andir vorwîsunge des strîtis*

Ein semelîch gesichte
sach von der geschichte
zu Prûzin ein gebûwir
einveldig und unsûwir,
gotevorchtic, gût, gerecht
und an allin dingin slecht.
Der sach in der selbin stunt,
als im daz got machte kunt,
und wart vil offinbâr
obin in der luft gewar,
daz dî brûdre strittin
nâch ellintlîchin sittin
widir dî Littouwin.
Und dô er diz wart schouwin,
iz wundirte in swinde.
Des rîf er sîn gesinde
unde sprach: „Ei, sêt ir nicht,
wî in gar menlîchir pflicht
dî brûdre unse hêrrin
sich mit strîte sperrin
aldort kegn den heidin?
Sêt wî von in scheidin
dî Prûzin itzunt in der vlucht
und ouch der Lîflender trucht.
Sêt, nû stên dî brûdere ein
unde bî in volkis clein
wernde sich mit strîte

mit großen Freuden die Seelen
in den Schoß des Himmelreiches trugen.

Noch eine andere Vordeutung der Schlacht

Ein ähnliches Gesicht
hatte von dem Ereignis
in Preußen ein
einfältiger und sanftmütiger,
gottesfürchtiger, frommer, gerechter
und in allen Dingen schlichter Bauer.
Der nahm in dem Augenblick,
als ihm Gott das kundmachte,
ganz deutlich
oben in der Luft wahr,
daß die Brüder
in mannhafter Weise
gegen die Litauer kämpften.
Und als er dessen ansichtig ward,
wunderte es ihn sehr.
Deshalb rief er sein Gesinde
und sagte: „Ei, seht ihr nicht,
wie in gar tapferer Weise
die Brüder unseres Herrn
sich dort im Kampf
gegen die Heiden sperren?
Seht, wie sich jetzt die Prussen
von ihnen fluchtartig trennen
und ebenso das Gefolge der Livländer!
Seht, jetzt stehen die Brüder allein
und bei ihnen ein kleiner Haufe,
die sich kämpfend

ûf iclîche sîte,
want sî habin ebin
dî vîende ummegebin!
Ô wê der clegilîchin nôt!
Ich sêh, daz man dî brûdre tôt
slêt und îr volgêre.
Nû sêh ich dî gewêre
Marîen, dî Cristum gebar,
der engele unde der meide schar
ir sêlin ûf in wunnen schôn
vûren in den himel vrôn.“
Dî clûsnerinne und der man,
von den ich nû gesprochin hân,
sâhin beide glîche,
dô zu himelrîche
dî sêlin wurdin al irhabin,
zwû sêlin mit vorteile habin
mê clârheit unde zîrde
an sundirlîchir wirde,
wen dî anderin gemein.
Dî sêlin zweir brûdre rein
wârin, als in dô wart schîn,
der eine Herman Sarrazîn,
der andre von Glîzberc genant,
von dem ûch ouch ist vor irkant,
daz got an im besundir
worchte ein michil wundir
zu Cristburg ûf dem hûse.
Dî vrouwe in der clûse
und der gebûwir vil rein
trûgin des ouch ubir ein,
als sî dô vornâmin,
daz al dî sêlin quâmin

nach allen Seiten wehren,
denn die Feinde
haben sie rundum umzingelt.
O weh, welche jammervolle Not!
Ich sehe, daß man die Brüder
und ihre Leute totschlägt!
Und jetzt sehe ich die selige
Maria, die Christum gebar,
und die Schar der Engel und Jungfrauen
ihre Seelen mit großen Freuden hinauf
in den hohen Himmel führen."
Die Klausnerin wie der Mann,
von denen ich gerade gesprochen habe,
sahen beide in gleicher Weise,
daß, als die Seelen
alle ins Himmelreich erhoben wurden,
zwei Seelen den Vorzug
größerer Klarheit und Zierde
an besonderer Auszeichnung hatten
als die anderen allgemein.
Es waren die Seelen zweier reiner Brüder,
wie ihnen dort sichtbar wurde,
von denen der eine Hermann Sarrazen,
der andere von Glisberg war,
von dem euch bereits bekannt ist,
daß Gott an ihm sonderlich
ein großes Wunder
auf der Burg Christburg getan hatte.[38]
Die Frau in der Klause
und der Bauer stimmten
auch darin vollkommen überein,
als sie erfuhren,
daß alle die Seelen

zu des himils sâldin
und wurdin gar behaldin
sundir eine, dî vortarb.
Waz sachin ir dî nôt irwarb,
daz sî zur helle nême pflicht,
daz weiz got, ich weiz sîn nicht.
An der geschicht sal man vorstân
unde geloubin sundir wân,
dâz Cristus, unsir hêrre gût,
der âne sache nicht intût
und nî getet ûf erdin,
selbir lîz gewerdin
an des strîtis tage
des vornôgîrins pflâge
und ouch sumelîche mê,
dî beide sidir und ouch ê
in sînem volke geschân,
unde merkin recht daran,
daz dî, dî dâ blibin tôt,
um ir arbeitlîche nôt
nâmen iris dînstis lôn
in dem himilrîche vrôn,
und dî uberblibne schar,
dî gesetzit bleib in vâr,
baz unde baz sich hefte
an des geloubin crefte
und ouch mit strîte toubete
dî dît, dî nicht geloubete;
want des geloubin tuginheit
vortirbit ofte in sichirheit
unde sichir danne stât,
swen sî ist in vâr gesat.
Daz selbe ist ouch zu merkin
an andrin gûtin werkin.

zu den Seligkeiten des Himmels gelangten
und so gerettet wurden,
bis auf eine, die zugrunde ging.
Welche Ursache ihr diese Not bescherte,
daß sie zur Hölle fahren mußte,
das weiß Gott – ich weiß es nicht.
Aus dieser Geschichte soll man begreifen
und ohne Zweifel glauben,
daß Christus, unser guter Herr,
der ohne Grund nichts tut
und noch nie auf Erden getan hat,
am Tage der Schlacht
den Abfall vom Glauben
selbst zuließ
und auch etliches mehr,
was später wie schon vorher
in seinem Volk geschah,
und man soll daraus lernen,
daß die, die da tot blieben,
wegen ihrer mühevollen Not
den Lohn für ihren Dienst
im hehren Himmelreich empfingen
und daß die überlebende Schar,
die der Fährnis ausgesetzt blieb,
besser und besser
in der Kraft des Glaubens erstarkte
und durch Kampf vernichtete
das Volk, das nicht glauben wollte.
Denn die Tugend des Glaubens
verdirbt oft genug in Sicherheit,
und es steht sicher um sie,
wenn sie der Gefahr ausgesetzt ist.
Ebendas ist auch
aus anderen guten Taten zu ersehen.

W*î Lenzeburc wart vorbrant und vil Prûzin darûffe*

Dî brûdre in den zîten wârn
von den Prûzin des in vârn,
daz sî woldin abekêrin
dem geloubin und sêrin
dî cristinheit mit âchte.
Und dô man sî vordâchte
alsus dirre ubiltât,
dô was zu vogite gesat
ob Nattangin und Ermelant
brûdir Volrât, der genant
was der Wundirlîche.
Der name dêswâr glîche
sîme sittin ouch gezam,
want man wundirs gnûc vornam,
daz er ûbte hî und dâ.
In den selbin vristin sâ
einis âbindis solde
der vogit, als er wolde,
trinkin sînen âbinttranc,
darzû er hatte ouch durch danc
geladin des landis bestin
zu Lenzinburg ûf dî vestin;
und dô sî alsô sâzin,
kegn einandir mâzin
rede unde wârin vrô,
dô schikte iz ir einer sô
daz daz licht wart ûzgetân,
und begondin râmin sân
des vogitis mortlîchin
mit houwin und mit stichin

Wie Lenzenburg verbrannt wurde und viele Prussen darinnen

Die Brüder hatten in diesen Zeiten
von den Prussen zu befürchten,
daß sie vom Glauben
abfallen und die Christenheit
mit Verfolgung heimsuchen würden.
Und als man sie so
dieser Übeltat verdächtigte,
da war zum Vogt
über Natangen und Ermland
Bruder Walrad[39] gesetzt,
den man den Wunderlichen nannte.
Dieser Name paßte wahrlich
auch zu seinem Wesen,
denn man hörte Wunderliches genug,
das er hier und da ausübte!
In diesen Zeiten
wollte der Vogt eines Abends,
wie er es liebte,
seinen Abendtrunk trinken,
und er hatte dazu aus Freundlichkeit
die Besten des Landes
auf die Burg von Lenzenburg geladen.
Und als sie so saßen
und miteinander
erzählten und fröhlich waren,
da richtete es einer von ihnen so ein,
daß das Licht ausgelöscht wurde,
und sie fingen an, in mörderischer Absicht
auf den Vogt einzudringen
mit Hauen und Stechen,

und hêttin in ouch irmort
in den vristin aldort,
hêtte er nicht angehât
vorborgin wâpenlîche wât.
Und zuhant nâch der stunt,
dô daz licht wart inzunt,
dô lîz der vogit schouwin
zustochin und zuhouwin
sîne cleidir manchirsît
unde vrâgte in der zît
dî geste ûf urteilis ger,
waz ein sô valschir morder
solde lîdin um den mein.
Dô antwortin sî gemein,
sîn schult von rechte wolde,
daz man in burnen solde.
Darnâch brûdir Volrât
ir abir zu hûse bat
ûf dî selbe burc vil mê,
wen dirre was gewesin ê
unde pflag ir mildeclîch.
Und dô sî ubirtrunkin sich,
sî begondin abir ôt
rûnen vaste ûf sînen tôt.
Unde dô er daz irhôrte,
dî rede in bekorte,
daz er von in gînc hinvur
und vorsperrete dî tur;
darzû leite er vûer an
und dî geste gar vorbran,
darzû die burg allintsam.
Sus dâ dî wirtschaft ende nam.

* * * * *

und sie hätten ihn dort
auch umgebracht,
hätte er nicht unsichtbar
einen Waffenrock getragen.
Und alsbald, als das Licht
wieder angezündet war,
ließ der Vogt
seine von allen Seiten zerstochenen
und zerhauenen Kleider anschauen
und ersuchte
seine Gäste um ihr Urteil,
was ein derart treuloser Mörder
für den Frevel erleiden sollte.
Da antworteten sie einhellig,
seine Schuld verlangte rechtens,
ihn zu verbrennen.
Danach bat Bruder Walrad
wiederum zu sich auf ebendiese Burg
noch viel mehr von ihnen,
als sie zuvor gewesen waren,
und er versorgte sie freigiebig.
Und als sie zuviel getrunken hatten,
da fingen sie wiederum an,
sich leise auf seinen Tod zu bereden.
Und als er das hörte,
da veranlaßte ihn dieses Gerede,
daß er von ihnen ging
und die Tür versperrte.
Darauf legte er Feuer
und verbrannte die Gäste gänzlich
und dazu die gesamte Burg.
So fand das Gastmahl sein Ende.

* * * * *

Wî zwelf brûdre und vumfhundirt man wurdin geslain und wî Cristburc dî stat und daz vurburge und der Pomezânin vlîhûs wart vorterbit und vil cristinreluite darinne irslagin

Diwan, der Bartin houbitman,
dem ein zûname clebte an,
daz man in hiez Clekîne
nâch dem vatir sîne,
und Linke ein Pogezên,
dî hergesellin, hôrt ich jên,
reisetin in Colmerlant
mit eime here grôz irkant;
und dô dî von Cristburc wârn
dâhin gejait mit irin scharn
und andirwegen dî brûdere,
zu des geschreiis lûdere,
dî Pogezênin, als Diwan
daz hatte vor gelegit an,
quâmin mit al irre craft,
dî in mochte sîn geschaft
zu vûze und gerittin
nâch vîentlîchin sittin
zu Cristburg in daz gebît,
und als ir wille in gerît,
eine burc Traupeien genant
wart von in aldâ berant
bî Cristburc gelegin,
Mergenburg inkegin.
Vor der burc sî lîzin
daz vûzvolc unde hîzin
einin, der was Kolte

Wie zwölf Brüder und fünfhundert Mann erschlagen wurden und wie die Stadt Christburg, die Vorstadt und der Fluchtturm der Pomesanier zerstört und darin viele Christen getötet wurden

Diwan, der Hauptmann der Barten,
dem der Beiname anhaftete,
daß man ihn nämlich Clekine
nach seinem Vater nannte,
sowie Linko, ein Pogesanier,
diese beiden Kampfgefährten, so vernahm ich,
fielen mit einem großen Heer
im Kulmerland ein.
Und als die Brüder von Christburg
und von andersher
mit ihren Scharen dorthin geeilt waren,
wohin sie das Kriegsgeschrei lockte,
da kamen die Pogesanier,
wie Diwan das im voraus geplant hatte,
mit ihrer ganzen Macht,
die sie aufbieten konnten,
mit Fußkämpfern und Berittenen,
in feindlicher Absicht
in das Gebiet von Christburg;
und wie ihnen ihr Verlangen eingab,
wurde von ihnen
die Burg Trampeinen angegriffen,
die bei Christburg gelegen ist,
gegenüber von Marienburg.
Sie ließen vor der Burg
das Fußvolk und befahlen
einem namens Kolte,

genennit, daz er solte
wesin dâ ir houbitman
und mit râte sî vorstân.
Sô waz dâ was von rîtin,
dî sach man in den zîtin
vurbaz dî reise nemin
in daz gebît Algemin,
daz ist, dâ Merginburc nû stât.
Dannen machtin sî ir pfat
brinninde unde slânde,
roubinde unde vânde,
swaz an der vart begeinte in
unz zu Merginwerdir hin.
Dô dise mêre irvrîschin sâ
dî brûdre ûf den burgin dâ
Posilie unde Vischow,
wî mit vîentlîchir drow
vor Traupein dî Prûzin wârn,
sî brâchtin hulfe sundir sparn
mit iren wêpenêrin
den brûdrin und burgêrin
zu Cristburc, dî sî vundin
ouch alle in den stundin
mit wâpnin itzunt angeleit
und zu strîte sîn gereit.
Darzû man sî sach gâhin;
und dô sî wurdin nâhin
der vorgenantin burc Traupein,
dî, als ich ê sprach, was belein,
dî vîende vluchtic wichin
von dannen; den ouch strichin
dî brûdre nâch in dem zil
und slûgin ir dâ vil.

daß er da
ihr Hauptmann sein und ihnen
mit Befehlsgewalt vorgesetzt sein sollte.
Aber alles, was da an Berittenen war,
die sah man alsbald
den Zug weiter führen
in das Gebiet von Alyem,
das ist da, wo jetzt die Marienburg steht.
Von dannen nahmen sie ihren Weg
sengend und mordend,
raubend und gefangennehmend,
was ihnen auch auf dem Zug begegnete,
bis hin nach Marienwerder.
Als diese Dinge
die Brüder auf den Burgen
Posilge und Fischau erfuhren,
wie mit feindlicher Bedrohung
die Prussen vor Trampeinen waren,
da brachten sie, ohne zu zögern, Hilfe
mit ihren Bewaffneten
den Brüdern und den Bürgern
von Christburg, die sie
da alle entsprechend
mit angelegten Waffen
und bereit zum Kampfe antrafen.
Dahin sah man sie eilen.
Und als sie sich
der vorgenannten Burg Trampeinen näherten,
die, wie ich gerade gesagt habe, belagert war,
da wichen die Feinde und flohen
davon; ihnen setzten
die Brüder sogleich nach
und töteten viele von ihnen.

Ouch Kolte dâ sîn ende nam.
Und waz der dît zu vûz inquam,
dî begeintin an der vlucht
genre gerittenin trucht,
dî daz lant hatte gehert,
dî ouch sêre wart vorvêrt
dirre schumpfintûre,
dî sô ungehûre
an in offinlîch irschein.
Des kobirtin sich dô in ein
beide gerittin und gegân
dî Prûzin unde zugin sân
ûf dî Sirgûne daz vlîz,
dâ sich daz her ouch nidirlîz,
dî herberge bevânde
und ir huttin ûfslânde;
dâkegin in ûf andir sît
der Sirgûne in der zît
dî brûdre ouch ir gezelt
satztin ûf des dorfis velt,
daz Paganstin ist genant.
Und dô dî Prûzin daz irkant
hattin und merclîch gesân,
daz sî dî brûdre dâ bestân
woldin î mit strîte
und sî ûf keine sîte
des intwenkin mochtin in,
sî gevaztin einin sin
in vil scharfin listin
alsus: dô dî cristin
sich gelegirt und intgest
hattin und joch intlest
von den setelin dî pfert

Auch Kolte fand da sein Ende.
Und was von den Leuten zu Fuß entkam,
die begegneten auf der Flucht
jener berittenen Truppe,
die das Land verwüstet hatte
und die jetzt sehr erschrocken war
über diese Niederlage,
die in so schrecklichem Ausmaß
an ihnen offen sichtbar wurde.
Deshalb schlossen sich
die berittenen und die zu Fuß kämpfenden
Prussen zusammen und zogen alsbald
zum Fluß Sirgune,
wo sich das Heer niederließ,
das Lager absteckte
und die Hütten aufschlug.
Ihnen gegenüber auf der anderen Seite
der Sirgune errichteten gleichzeitig
auch die Brüder ihre Zelte
auf der Flur jenes Dorfes,
das Paganstin genannt wird.
Und als die Prussen das erkannt
hatten und deutlich sahen,
daß die Brüder sie da
mit Kampf bestehen wollten
und sie nach keiner Seite hin
ihnen entweichen konnten,
da faßten sie
scharfsinnig folgenden Plan:
Da sich die Christen
gelagert und ihrer Rüstungen entledigt
und auch die Pferde von der Last
der Sättel befreit hatten,

und âne hûte hindirwert
wârn und ôt vorchtelêr,
dî Prûzin schiktin halb ir her
ubir daz vlîz vorholnlîch.
Und dô dî cristnin wânten sich
sîn in sichirlîchir rû,
dô slûgin gene hindin zû
unde dise vorne
in vîentlîchim zorne
mit hertis strîtis vreidekeit;
und ê sî sich zu wer bereit
hattin kegn des strîtis nôt,
dô lâgin dâ zwelf brûdre tôt
und wol vumfhundirt man;
dî andrin vluchtig îltin dan
hin zu Cristburg in dî stat,
dî von der dît ouch wart besat,
dî in dâ hezlîch jaite nâch.
Ein vreislîch jâmir dâ geschach,
want sî gewunnin vestin drî:
dî stat, daz vurburge und dâbî
ein hûs dem lantvolke benant.
Dî vestin wurdin al vorbrant
und waz dâ lûtis inne was,
vor in des nichtis nicht genas;
iz wart gevangin oder irmort,
ân ob etlîch mensche dort
ûf der brûdre burg intvlôch
und sô dem tôde sich intzôch.
Nû wârin in den vristin
nicht blibin mê der cristin
zu Cristburg ûf dem hûse
nâch des mordis prûse,

nach rückwärts ohne Wache
und im übrigen sorglos waren,
schickten die Prussen die Hälfte ihres Heeres
heimlich über den Fluß.
Und als die Christen sich
in sicherer Ruhe wähnten,
schlugen jene von hinten zu
und diese von vorn
in feindlichem Haß und
mit der Kühnheit bitteren Kampfes.
Und ehe sie sich gegen die Not des
Kampfes zur Wehr hatten setzen können,
lagen zwölf Brüder
und an die fünfhundert Mann tot.
Die anderen flohen in Hast davon
in die Stadt Christburg,
die von dem Kriegsvolk, das ihnen
grimmig nachjagte, belagert wurde.
Schreckliches Leid brach herein,
denn sie eroberten drei feste Plätze:
die Stadt, die Vorstadt sowie
die für das Landvolk bestimmte Festung.
Sie alle wurden verbrannt
samt den Leuten, die sich drin aufhielten.
Ihrer niemand blieb von ihnen verschont,
sondern sie wurden gefangen oder umgebracht,
außer etlichen Menschen, die
auf die Burg der Brüder fliehen
und sich so dem Tod entziehen konnten.
Nun waren
auf der Burg von Christburg
nicht mehr Christen übrig geblieben
nach dem lärmvollen Gemetzel

als ich hab vornumin rechte,
wen drî brûdre und drî knechte
und darzû ein Pomezên,
der genennit was Sirên
und dâ umme missetât
ûf der burg in bant gehat.
Dô der sach her druckin
dî vîende kegn der bruckin,
man sach in gar zuruckin,
zubrechin und zustuckin
beide vezzirn unde bant
unde begrîfin in dî hant
vil endelîch sper unde swert,
und sam ein lewe unirvêrt
er hin ûf dî brucke spranc
unde werte den înganc
den Prûzin crefticlîch dâvor,
unz man zûgeslôz daz tor.
Ouch irschôz ein brûdir sint
einen man, dem vîrzic kint
cristinre bevoln wârin,
dî er solde dâ bewarin
gevangin und gebundin;
dî wurdin dô inpundin
und intlîfin allintsam
ûf dî burc, als ich vornam,
und wurdin sus inthaft
von êwigir eiginschaft.

* * * * *

außer (wenn ich recht gehört habe)
drei Brüder und drei Knechte
und dazu noch ein Pomesanier,
der Siren hieß
und wegen einer Missetat
auf der Burg gefangengehalten wurde.
Als der bemerkte, wie die Feinde
gegen die Brücke drängten,
da sah man ihn
Fesseln und Bande zerreißen,
zerbrechen und zerfetzen
und zuletzt Schwert und Speer
zur Hand nehmen.
Und wie ein unerschrockener Löwe
sprang er vor auf die Brücke
und wehrte den Prussen
kraftvoll den Zugang,
bis man das Tor versperren konnte.
Auch erschoß nachher ein Bruder
einen Mann, dem vierzig
Christenkinder anvertraut waren,
die er gefangen und gebunden
bewachen sollte.
Die wurden da losgebunden
und liefen allesamt,
wie ich gehört habe, auf die Burg
und wurden auf diese Weise
vor ewiger Knechtschaft bewahrt.

* * * * *

Wî daz spittâl zu Torûn wart vorbrant und dî stat Colmin gesturmit und dî Lubow burg und stat vorbrant

Ouch in den selbin zîtin
dî dît der Sudouwîtin
besamintin ein her sô grôz,
daz dâ vor nî des genôz
zu Prûzin in dem lande irschein
an menige. Dise lût gemein
zôch ûf dî Lubouwe
und dô in leidir schouwe
ûbtin vil vreislîchir tât.
Zu jungist sî burg unde stat
vorterbtin ouch Lubow genant,
dannen sî in Colmirlant
machtin vor Strâzberg ir vart
und dô teiltin ungespart
ir menie grôz in manche schar,
und dî santen her und dar
vor dî vestin ûf dî list,
swen dî cristnin durch genist
darzû mit vlucht sich neigitin,
daz sî sî denne veigitin
môrtlîch darnidir slâhinde
odir zu eigin vâhinde.
Darnâch sî zugin vor Thorûn
und waz bûzin der mûrin zûn
sî begriffin, daz wart al
vornichtit, darzû daz spittâl
sî zu aschin brantin
und darnâch sich wantin
zum Colmin vor dî vestin

Wie das Spital von Thorn verbrannt und die Stadt Kulm erstürmt und Burg und Stadt Löbau verbrannt wurden

In diesen Zeiten[40]
sammelte das Volk der Sudauer
ein so großes Heer,
wie es zuvor so zahlreich
im Lande Preußen noch nie gegeben hatte.
Dieses ganze Volk
zog auf die Löbau,
und dort verübten sie zu großem Leidwesen
viele schlimme Taten.
Zuletzt vernichteten sie
Burg und Stadt Löbau.
Von da weg richteten sie ihre Fahrt
ins Kulmerland bis vor Strasburg
und teilten dort
ihre große Menge in etliche Abteilungen
und schickten die hierhin und dorthin
vor die festen Plätze in der listigen Absicht,
daß sie, wenn die Christen, um ihr Leben zu retten,
zu ihnen flüchten wollten,
diese vernichteten, indem sie sie entweder
heimtückisch niedermachen
oder als Knechte einfangen würden.
Danach zogen sie vor Thorn,
und was sie außerhalb des Mauerrings
zu fassen vermochten, das wurde alles
vernichtet, außerdem äscherten sie
das Spital ein.
Anschließend wandten sie sich
vor die Festung Kulm

und dî âne restin
sturmetin mit allir macht
einin tag und eine nacht,
daz îdoch was lêre,
want sich dî burgêre
menlîch ir dirwertin.
Und dô sî sus gehertin
Colmerlant vîr tage
mit schedelîchir plâge,
dô irhûben sî sich hin
kegn lande trîbinde mit in
luite, pferde, vihis vil
und ôt roubis âne zil.
Uf dirre selbin reise
solde durch sîne vreise
ein vil starc Sudouwe
eine cristenevrouwe
vluchtic jagin in ein brûch,
want in hazze was sîn rûch
sô grimmig ûf sî wordin,
daz er sî î dirmordin
wolde, und dô er sî begreif,
von gotis hulfe ir intsleif
ir wîblîche brôde
und angeborne blôde
und begonde sich zu wern
im vaste um dî backin bern
mit den vuistin beidirsît.
Sô lange treib sî disen strît,
unz er sturzte in daz mot.
Dô gab ir zu herzin got,
daz sî obin ûf in vîl,
in sêre druckte in den gil

und bestürmten die
ohne Pause mit aller Macht
einen Tag und eine Nacht lang,
doch erfolglos,
denn die Bürger
erwehrten sich ihrer tapfer.
Und als sie in dieser Weise
das Kulmerland vier Tage lang mit
schadenbringender Plage verheert hatten,
da hoben sie sich von dannen
nach Hause und trieben mit sich
Menschen, Pferde, viel Vieh
und unermeßlich viel Zusammengeraubtes.
Auf eben diesem Kriegszug
wollte in seiner Grausamkeit
ein ungemein kräftiger Sudauer
eine Christenfrau
auf der Flucht in ein Moor jagen,
denn im Haß war sein Verlangen
nach ihr so wild geworden,
daß er sie umbringen wollte.
Und als er ihrer habhaft geworden war,
da verlor sie mit Gottes Hilfe
ihre weibliche Schwachheit
und angeborene Zaghaftigkeit,
und sie fing an, sich zu wehren
und ihm beide Gesichtshälften
mit den Fäusten zu bearbeiten.
Das setzte sie so lange fort,
bis er in den Morast fiel.
Da gab ihr Gott ein,
daß sie sich auf ihn draufwarf,
ihn fest in den Dreck drückte

und in irwurgin wolde.
Dô vûr ouch der unholde
ummesnappin als ein hunt,
unz im ir dûme in den munt
quam, den er ir abebeiz.
Dô wart sî ouch in zorne heiz
und allumme taste
unde schutte vaste
des mottis dem vorschertin tôrn
in munt, in nase und in ôrn
und ûf sô lange clekte,
unz sî in gar vorstekte.
Sus wart der starke heidin blas
und daz cranke wîb genas.

W*î Prûzin vil wurdin geslagin*

Nicht ubir lange zît darnâch
der Prûzin her man abir sach
varn zu Colmin in daz lant
roub dâ stiftin unde brant.
Ouch slâhinde vil der cristin
unde vâhinde in den vristin
geworchtin sî dem lande wê.
Zu jungist sî zu Colminsê
quâmin vor dî stat gerant,
dâ in mit werlîchir hant
dî burger keginquâmin,
mit in dâ zusamin
slâhinde vor der vestin.
Aldâ wart den gestin
ir houbitman irslagin,

und ihn zu erwürgen versuchte.
Da schnappte der Unhold
wie ein Hund um sich,
bis ihm ihr Daumen in den Mund
kam, den er ihr abbiß.
Da wiederum geriet auch sie in wilde Wut,
griff um sich
und schmierte diesem tollen
Wahnsinnigen Schlamm
in Mund, Nase und Ohren
und machte das so lange,
bis sie ihn erstickt hatte.
Auf solche Weise kam der starke Heide zu Tode
und die schwache Frau blieb am Leben.

Wie zahlreiche Prussen erschlagen wurden

Nicht lange Zeit danach
zog das Heer der Prussen abermals
in das Kulmerland,
um dort Raub und Brand zu stiften.
Und indem sie viele Christen
totschlugen oder zu Gefangenen machten,
fügten sie dem Land Schmerzen zu.
Zuletzt kamen sie vor
die Stadt Kulm[41] gestürmt,
wo ihnen die Bürger mit
bewaffneter Hand entgegentraten
und mit ihnen
vor der Burg zusammenstießen.
Dabei wurde den Feinden
der Hauptmann erschlagen,

mit dem ouch tôt gelâgin
der andrin Prûzin ein grôz teil.
Diz was der armin cristnin heil,
der sî gevangin wîldin
und dâ in hafte hîldin;
want dî wurdin wol getrôst
und ûz bandin al irlôst.

W*î Skumant herte Colmerlant unde slûg etslîche brûdre und andre cristin*

Darnâch dî Sudouwen Skomant
vûrte abir in Colmerlant
teilinde in zwei daz her.
Daz eine teil gevînc dî kêr
kegn Torûn; sô daz andre part
sich neigte kegn dem Colmin wart
und swaz in dâ widirvûr,
daz ubergînc vreislîche schûr,
want sî nicht andirs hantin,
wen morttin, vîngin, brantin.
Îdoch kegn vespir quâmin
dî her widir zusamin
vor dem hûse Birgelow
und dô sichir allir drow
dî herberge vîngin
und ir gezelt ûfhîngin
sich trîginde ûf ire macht.
Îdoch in der selbin nacht
dî brûdre von dem hûse
in eime stillin sûse,
dô dî vîende intslîfin,

mit dem auch eine große Menge
anderer Prussen tot liegen blieb.
Das war das Glück jener armen Christen,
die sie als Gefangene
und in Banden bei sich hatten,
denn die fanden nun Trost
und wurden aus ihren Fesseln befreit.

Wie Skaumand das Kulmerland verwüstete und etliche Brüder und andere Christen erschlug

Danach führte Skaumand die Sudauer
abermals ins Kulmerland,
wobei er das Heer zweiteilte.
Der eine Teil schwenkte
gegen Thorn; die andere Hälfte
wandte sich in Richtung Kulmsee,
und alles, was ihnen da begegnete,
das überkam ihr schrecklicher Ansturm,
denn sie hatten nichts anderes im Sinn,
als daß sie mordeten, einfingen und abbrannten.
Gegen Abend jedoch kamen
die Heeresteile wieder zusammen
vor der Burg Birgelau,
und dort nahmen sie,
vor aller Bedrohung sicher,
ihr Lager und bauten ihre Zelte auf,
indem sie sich auf ihre Stärke verließen.
In derselben Nacht freilich,
als die Feinde eingeschlafen waren,
unternahmen die Brüder von der Burg
einen heimlichen Ausfall und liefen

in in dî bûdin lifin,
sî vorstôrnde der rû;
und ouch in der selbin mû
wunttin sî und slûgin tôt
der Prûzin vil, und von der nôt
sich ein grôz geschrei hûb,
des ouch gene trucht intsûb,
dî daz her bewachtin
und hinzû sich machtin,
want sî wârin angeleit
mit wâpin und in strît gereit,
und irslûgin in dem lûdir
zwên und einen halbbrûdir
und wêpenêre gnûc.
Sus sich dâ mort kegn morde wûc.

W*î Schônensê daz hûs wart gesturmit und Diwan der Bartin houbtman wart geslagin*

Nâch diser reise nam Diwan
an sich, der Bartin houbitman,
achthundirt Prûzin odir mê
und mit den vor Schônensê
dî burc zu beligne vûr
und ouch den burclûtin swûr
bî sîner gote hôstin macht,
wêrn sî sô unbedâcht,
daz sî nicht gêbin ûf zuhant
im dî vestin vorgenant,
er wolde in nôtin swinde
brûdre und gesinde
hengin vor daz burgetor

ihnen zwischen die Hütten
und störten sie in ihrer Ruhe auf.
Und bei dieser Aktion
verwundeten und töteten sie
viele Prussen, und über diese Not
entstand bei denen ein großes Geschrei,
was natürlich jener Trupp bemerkte,
der auf Wache war;
diese Wachposten nun eilten herbei,
denn sie hatten die Waffen
angelegt und waren kampfbereit,
und sie erschlugen im Getümmel
zwei Brüder und einen Halbbruder
sowie zahlreiche Bewaffnete.
So setzte sich da Morden gegen Morden.

Wie die Burg Schönsee berannt und Diwan, der Anführer der Barten, erschlagen wurde

Nach dieser Fahrt nahm Diwan,
der Hauptmann der Barten,
achthundert oder noch mehr Prussen
und zog mit denen vor Schönsee,
um die Burg zu belagern,
und er schwor den Burgleuten
bei der höchsten Macht seiner Götter,
wären sie so unbesonnen,
ihm nicht unverzüglich
die vorbenannte Feste auszuliefern,
so wollte er in harter Drangsal
die Brüder und ihr Gesinde
vor das Burgtor

an einen galgin hô impor.
Doch ubirsâzin sî dî drô,
swî ûf dem hûse wêrn dô
nicht mê brûdre wenne drî
und den lutzil knabin bî,
den sî mentle legtin an
und andir brûdirzeichin sân
den vîendin zu anblicke
und zu schînlîchim schricke.
Und dô Diwanis drouwerûf
an den brûdrin nicht inschûf,
er richte zû mit drouwe
al sîn sturmgezouwe,
des er gnûc brâcht hatte dar,
und gînc dô an mit sîner schar
sturmende gar vîentlîch.
Dâinkegin satztin sich
gene werlîch unde balt,
want iz in dî helse galt,
(dî mein ich ûf dem hûse).
Sî wurfin manche lûse
den Bartin durch dî schedele.
Ouch ûz irme sedele
schuzzin dâ dî schutzin,
dî man vil wol benutzin
sach dâ ire pfîle,
want in kurzir wîle
lâgin vil der vîende tôt.
Sô lidin sumelîche nôt
von tôtlîchin wundin;
ouch sô schôz in den stundin
brûdir Arnolt Kropf nâch wâne
und traf ebin Diwane

hoch empor an einen Galgen hängen.
Sie setzten sich jedoch über diese Drohung hinweg,
obgleich auf der Burg zu der Zeit
nicht mehr als drei Brüder
und etliche Knappen waren,
denen sie Ordensmäntel anlegten
und sonstige Zeichen der Bruderschaft,
um das den Feinden zu zeigen
und sie abzuschrecken.
Und als Diwans Drohgeschrei
bei den Brüdern nichts bewirkte,
da richtete er unter weiteren Drohungen
all sein Sturmgerät,
von dem er genügend mitgebracht hatte,
und ging mit seinem Kriegshaufen daran,
heftig zu stürmen.
Dawider setzten sich jene
tapfer und mutig zur Wehr,
denn es ging für sie um Kopf und Kragen
(ich meine die auf der Burg).
Sie schleuderten viele Läuse
den Barten durch die Schädel.
Aus ihren Sitzen
schossen auch die Schützen,
die man ihre Pfeile ausgezeichnet
verwenden sah,
denn binnen kurzer Zeit
lagen viele Feinde tot.
Etliche andere gerieten in Not
wegen tödlicher Verletzungen.
Und bei dieser Gelegenheit schoß
Bruder Arnold Kropf[42] auf gut Glück
und traf Diwan,

den houbtman al durch den gil,
daz er tôt dânidir vîl.
Der schuz gab hôhe duite,
want er dî burcluite
alle lôste von der wit;
want dô dî Bartin sâhîn dit,
sî lîzin ligin, der dâ lac,
und îltin dannen nacht und tac,
unz sî quâmin in ir lant.
Sus wart ir hôchvart dâ geschant.

W*î zwû burge wurdin vorlorn*

Zu jungist aber Skomant,
den ich hab ouch ê genant,
der Sudouwin houbitman,
ein unzellîch her gewan
von Prûzin, Sudouwîtin,
und mit den in den zîtin
reit kegn Colminlande
mit roube unde brande
dî cristinheit dâ herminde
und gar vorerminde,
want er wol nûn tage
ûbinde dî plâge
in dem lande ummezouch.
Und dô er an der reite ouch
begonde nêhin Colmensê
ein polênsch rittir hatte ê,
der was Nyverik genant,
im gelobt an sîne hant,
er wolde dî stat gewisse

den Hauptmann, geradewegs durch die Gurgel,
so daß er tot umfiel.
Dieser Schuß war von großer Bedeutung,
denn er befreite die Burgleute alle
von dem (ihnen angedrohten) Galgen.
Als nämlich die Barten das sahen,
da ließen sie ihn, der da lag, einfach liegen
und eilten davon Tag und Nacht,
bis sie wieder in ihr Land gekommen waren.
So wurde da ihr Hochmut zuschanden gemacht.

Wie zwei Burgen verloren wurden

Zuletzt jedoch brachte Skaumand,
den ich ja schon erwähnt habe,
der Anführer der Sudauer,
ein unzähliges Heer
von Prussen und Sudauern zusammen
und ritt mit ihnen alsgleich
gegen das Kulmerland
mit Raub und Brand,
wobei der die Christenheit quälte
und arm machte,
denn er streifte an die neun Tage
in dieser Weise Unglück bringend
im Land umher.
Und als er sich auf dem Kriegszug
auch Kulmsee näherte,
da hatte ihm schon zuvor ein polnischer
Ritter namens Nyverik
in die Hand versprochen,
er wolle ihm verläßlich die Stadt

im mit vorrêtnisse
antwortin zu gewinne.
In dem valschin sinne
reit der rittir in dî stat
und, dô sî vîentlîch betrat
der heidin Skomant und sîn her
und dî burger zu der wer
lîfin ûf dî mûre,
der vorrêtêr sûre
trat ouch an dî zinnin,
dâ er wolde beginnin
des er willin hâte.
Und dô er sach dî state,
er irschelte zwir sîn horn,
want daz zeichin hatt er vorn
bescheidin Skomande dort.
Und dô dî burger diz irhôrt
hattin, sî irschrâkin hart
unde vîngin ungespart
den rîttir; und dô in irkant
wart sîn valscheit, alzuhant
hîngen sî in hô inpor
an einen galgin vor daz tor,
ouch sînen sun und einen knecht
hînc man bî in; daz was recht.
Und dô Skomant der wilde
gesach an disim bilde,
daz sîn hoffenunge wan
wurdin was, er zocte dan
vor eine burc genant Heimsôt
und sturmte dî sô lange ôt,
daz er sî ubirhoubt gewan
und slûc darûffe vîrzic man,

mit Verrat
zu seinem Vorteil ausliefern.
Mit diesem heimtückischen Gedanken
ritt der Ritter in die Stadt,
und als diese nun der Heide Skaumand
und sein Heer feindselig zu belagern begannen
und die Brüder zu Gegenwehr
auf die Stadtmauer eilten,
da trat auch der schlimme Verräter
an die Zinne,
wo er ins Werk setzen wollte,
was er im Schilde führte.
Und als er die passende Gelegenheit erspäht hatte,
da ertönte sein Horn zweimal,
denn das hatte er zuvor
mit Skaumand als Zeichen vereinbart.
Und als die Bürger das gehört hatten,
da erschraken sie sehr,
und sie fingen den Ritter
unverzüglich. Und als ihnen seine
Hinterhältigkeit bewußt geworden war,
da hingen sie ihn alsbald hoch hinauf
an einen Galgen vor das Tor,
und seinen Sohn und einen Knecht
hing man neben ihn. Das war richtig so.
Und als der wütige Skaumand
aus dieser Schaustellung ersah,
daß seine Hoffnung zunichte
geworden war, da zog er hinweg,
und zwar vor die Burg Heimsot
und bestürmte die so lange,
bis er die Oberhand gewann
und vierzig Mann erschlug,

dî ir zu wer bescheidin wârn.
Dannen sach man in dâ varn
vor ein andir hûs, daz was
einis rittirs, als ich las,
der was genant her Zipfil.
Dî burg er von dem wipfil
nidir brach unz ûf den sant
und alliz, daz er drûffe vant,
daz wart gevangin und geslain.
Dî habe lîz er abetrain
und brant dî burge beidirsît
zu aschin gar durch sînen nît.

* * * * *

V*on dem urloige der burgêre von Rîge widir dî Dûtschin brûdere zu Lîflande*

Dô sich Cristî jâr vortribin
zwelfhundirt nûnzig unde sibin,
dô wart von des tûvils list
in mortlîchir mitewist
inzunt des hazzis vûer
in vêde ungehûer
unde in swindim krîge
zwischin den von Rîge,
ich meine den burgêren,
und zwischen den gewêren
des Dûtschin hûsis brûdren.
Diz tûvelische lûdren
baz unde baz intzuntte
der tûvil unde schuntte
sî sô lang in abegunst,
unz zwischin in des zornis brunst

die ihr zur Verteidigung zugeteilt waren.
Dann sah man ihn davonziehen
vor ein anderes festes Haus, das,
wie ich gelesen habe, einem Ritter gehörte,
der Herr Zipfel genannt wurde.
Diese Burg brach er von den Zinnen
bis auf den Grund nieder,
und alles, was er in ihr fand,
das wurde teils gefangengenommen, teils totgeschlagen.
Die bewegliche Habe ließ er wegschaffen,
und beide Burgen selbst legte er
aufgrund seines Hasses in Schutt und Asche.

* * * * *

Vom Krieg der Bürger von Riga gegen die Deutschen Brüder in Livland

Als nach Christus vergangen waren
zwölfhundertundsiebenundneunzig Jahre,
da wurde auf Betreiben und
in mörderischer Teilnahme des Teufels
die Flamme des Hasses entzündet
in einer ungeheuren Fehde
und in einem gewaltigen Krieg
zwischen denen von Riga
(ich meine den dortigen Bürgern)
und den tapferen Brüdern
des Deutschen Hauses.
Der Teufel steigerte die
höllische Verlockung immer mehr
und reizte
sie so lange in Mißgunst,
bis unter ihnen das Feuer des Zornes

began sô vreislîch brinnen,
daz dî brûdre binnen
andirhalbim jâre
wol nûnstunt vorwâre
mûstin mit in strîtin
und des nicht vormîtin
mochtin mit keinin vûgin.
Und alleine trûgin
dî burgêre vorgenant
des einen strîtis ubirhant,
doch sî dî andren alle
dî gotis craft mit valle
tet sigelôs geliggen
und dî brûdre gesiggen.
Dô unsirs hêrrin jâr vorvarn
nûnzig und zwelfhundirt wârn
und darubir achte,
dô wart mit grôzir machte
zu Lîflant kumende gesên
der Littouwin kunic Witen,
als in dar geladin
ûf der brûdre schadin
hatte der burgêre trucht
von Rîge durch ir tobesucht,
und aldâ mit sturmis dram
dî burc Karchuis gewunnen nam,
darûffe er vîr brûdre vînc
und waz gesindis an in hînc,
daz vîng er alliz odir slûc.
Darzû tet er schadin gnûc
al daz gebît beroubinde
und mit brande toubinde.
Und dô er nâch der âchte

so schrecklich zu lodern anfing,
daß die Brüder binnen
anderthalb Jahren
an die neunmal
mit ihnen kämpfen mußten
und dem in keiner Weise
zu entgehen vermochten.
Und die genannten Bürger
gewannen lediglich in einer einzigen
Auseinandersetzung die Oberhand,
während sie in allen anderen
die Macht Gottes
zu Fall kommen
und die Brüder siegen ließ. –
Als der Jahre des Herrn
zwölfhundertundneunzig
und dazu noch acht verstrichen waren,
da erlebte man, wie mit großer Macht
Witen, der König der Litauer[43],
in Livland einfiel,
nachdem ihn dahin
zum Schaden der Brüder
die Bürgerschaft von Riga
in ihrer Raserei gerufen hatte.
Er nahm im Sturmangriff
die Burg Karkhus,
in der er vier Brüder gefangennahm;
und was die an Leuten hatten,
die nahm er alle gleichfalls gefangen oder erschlug sie.
Außerdem richtete er viel Schaden an,
indem er das umliegende Land
ausraubte und brandschatzte.
Und als er sich

sich kegn lande machte,
der meistir, brûdir Brûne,
in des brâchmândis lûne
nam nâch im dî kêre
mit einim cleinin here
und sich in strîte kegn im wac
an sente Nicomêdis tac
bî einim wazzirvlîze nâ,
daz ist genant dî Treiderâ,
ûf des meris strande.
Dâ slûg er in dem sande
in unsirs hêrrin namen
mit den beiden zusamen
und velte ir zuhant
wol achtehundirt in den sant,
dî des lebins wurdin geblant,
und lôste ûz der vîende hant
vil nâch drîtûsint cristen,
dî sî in den vristen
unz dar gevangen hatten brâcht.
Nû wart der Littouwin macht
zu jungist sich vorsinnen
und in zorn intprinnen,
daz ein sô geringe her
sî solde letzin âne wer,
und dô în grimme wanten sich
kegn den brûdren vîentlîch
und irstritten gar den sic
vellende mit tôdis schric
den meistir ûf des strandis vlûdr
und mit im zwêne und zwênzic brûdr,
darzû wol vunfzênhundirt man.
Got mûz ir allir sêle hân!

zur Heimkehr anschickte,
da nahm Bruder Bruno, der Landmeister[44],
zur Zeit des Mondwechsels im Juni
mit einem kleinen Heer
die Verfolgung auf
und stellte sich ihm entgegen
am Tag des heiligen Nikomedus[45]
in der Nähe eines Wasserlaufes,
der Treydera heißt,
am Ufer des Meeres.
Da schlug er sich auf dem Strand
im Namen unseres Herren
mit den Heiden
und fällte deren
wohl achthundert in den Sand,
denen so das Leben ausgelöscht wurde,
und er erlöste aus der Feinde Hand
nahezu dreitausend Christen,
die sie bis dahin
in Gefangenschaft gebracht hatten.
Schließlich aber besannen
sich die Litauer
und entbrannten in Zorn,
daß ein so kleines Heer
ihnen ohne Gegenwehr schaden sollte,
und so wandten sie sich voller Grimm
heftig gegen die Brüder
und erstritten sich den Sieg,
indem sie den Landmeister
zu Tode auf den Strand fällten
und mit ihm zweiundzwanzig Brüder
und dazu an die fünfzehnhundert Mann.
Gott sei ihren Seelen gnädig!

Dirre clegelîchin nôt,
dî sich sus den brûdren bôt
und der armen cristinheit,
wârn dî Rîgêr gemeit,
want sî wol iren willen
mit erclîchin villen
hoften an den brûdren haben
nâch des leidin strîtis snaben,
unde lûdin andirweit
zu hulfe, des in was gereit
abir zuhant dî heidinschaft,
und belâgin dâ mit craft
zur Nûwenmul der brûdre vestin,
daran sî mit sturmis prestin
hîldin michilen gebrach.
Und dî wîle diz geschach,
dô was des ordins reistir,
ich meine den hômeistir,
zu Prûzen in dem lande,
den man bî namen nande
brûdir Gotfrit von Hôenlôch.
Und dô der hôrte, welch ein joch
dî Rîgêre durch ir gûf
tribin dort den brûdrin ûf,
er sante sô hin den Brûhaven,
darzû von brûdren unde knaven
kegn Lîflant ein michil her
den brûdrin dar zu schirmis wer
und ouch zu helflîchir stuir
kegn der dît sô ungehuir.
Und dô sô hin von Prûzinlant
der Brûhave vorgenant
kumen was mit sînre schar,

Über die jammervolle Not,
die solchermaßen über die Brüder
und die arme Christenheit gekommen war,
freuten sich die Rigaer,
denn sie hofften, ihren auf
gemeine Quälerei abzielenden Willen
an den Brüdern austoben zu können
nach dem Ausgang dieses unerfreulichen Kampfes,
und sie ermunterten anderweitig,
ihnen zu helfen, wozu ihnen
die Heidnischen wiederum gern bereit waren,
und sie belagerten da mit Macht
zu Neuermühlen die Burg der Brüder,
wobei sie bei ihrer Stürmerei
großen Lärm vollführten.
Und während dies geschah,
da war des Ordens Leiter,
ich meine den Hochmeister,
im Lande Preußen,
das war
Bruder Gottfried von Hohenlohe[46].
Als der vernahm, was für ein Joch
die Rigaer in ihrem schlimmen Übermut
den Brüdern auferlegt hatten,
da schickte er den Brühaven[47]
sowie an Brüdern und Knappen
ein großes Heer nach Livland,
den dortigen Brüdern zum Schutz
und zu hilfreicher Unterstützung
gegen dieses wilde Volk.
Und als der genannte Brühaven
aus Preußen
mit seiner Schar hingekommen war,

er vant ouch besament gar
dî Lîflender mit irre wer;
des nâmen sî zuhant dî kêr
voreinit in unsirs hêrrin nam
an der apostlen lobesam
Petrî unde Paulî tac
kegn der dît, dî dâ belac
dî Nûwemul durch irin nît,
und irhûbin in der zît
einin sô vreislîchin strît,
der dî Nûwemul gequît
tet von harmis krîge
und in der stat zu Rîge
gebar vil manche witwe.
Ouch sumelîche Litwe
vorlôs dâ iren gesellin,
want man sach dâ vellin
unde schrôtin in den sant
dî brûdre mit vrechir hant
dî weligen statvarrin
und Littowschin narrin
wol vîrtûsint unde mê,
dî alle kurn des tôdis wê,
âne dî tôtlîchin wunt
kûm intrunnen in der stunt.
Sulchir schumpfintuire
sô vrech, sô ungehuire
der cristenheit ûf ungewin
sich hantîrte zwischin in
binnen der zwîtracht sô vil,
daz ich inweiz kein zil.

fand er die Livländer
gerüstet versammelt.
Da griffen sie alsbald
gemeinsam im Namen unseres Herrn
am Tage der verehrten
Apostel Peter und Paul[48]
das Volk an, das da voller Haß
Neuermühlen belagerte,
und sie begannen da
einen so schrecklichen Kampf,
der Neuermühlen befreite
von leidvollem Streit
und in der Stadt Riga
manche Witwe hervorbrachte.
Auch manche Litauerin
verlor da ihren Liebsten,
denn man sah, wie
die Brüder mit tapferer Hand
zu Boden schlugen und fällten
von den reichen Stadtochsen
und von den litauischen Deppen
mehr als viertausend,
die alle des Todes Weh kosteten,
abgesehen von denen, die tödlich verletzt
im Augenblick davonkamen.
Solcher verlustvollen Kämpfe,
so gewaltig, so ungeheuerlich,
der Christenheit zum Schaden,
ereigneten sich zwischen ihnen
in dieser Auseinandersetzung derart viele,
daß ich damit gar nicht zuende käme.

W*î Strazberc wart vorhert*

Dô unsirs herren jâr vorvarn
tûsint und zwelfhundirt wârn
darzû nûnzic mit achtin
von Littouwin sich machtin
reckin ûzgesundirt
wol vîrzig unde hundirt
unde quâmen durch bejac
an sente Michahêlis tac
gar ungewarnit îngeplatzt
zu Strazberc, daz nûwelîch besatzt
was dâ vor zu einre stat,
machinde des lebins mat
alliz, daz dâ vant ir swert,
daz mit wer was mannes wert;
darundir ouch ein prîstir
bleib des lebens bîstir;
wîb und kint sî vîngin
und nôt dâ gnûc begîngin,
und ân andren ungelimpf,
des vil durch uppeclîchin schimpf
den sacramentin bôt ir sin,
sô was ein hûrnsun undir in,
dem sô gar dî zucht intsleiz,
daz er in dî toufe scheiz.
Und dô ir vart sich dannen wac,
in volgte brûdir Conrât Sac,
der dô was lantcomentuir,
mit der Colmenêre stuir
und sî ûf der wiltnisse vant,
dâ er ûz der Littouwin hant
lôste luite unde habe,

Wie Strasburg zerstört wurde

Als der Jahre unseres Herren
eintausendundzwölfhundert
und noch achtundneunzig vergangen waren,
da machten sich aus Litauen
einhundertundvierzig
ausgesuchte Krieger auf
und überfielen auf der Suche nach Beute
an Sankt Michaelis[49]
völlig ungewarnt
Strasburg, das erst kurz vorher
zur Stadt geworden war,
und löschten alles Leben aus,
das ihr Schwert erreichen konnte,
sofern es männlich und waffenfähig war;
auch ein Priester war darunter,
der sein Leben einbüßte.
Frauen und Kinder nahmen sie gefangen
und übten viel Drangsal,
und abgesehen von sonstigem Unglimpf,
der ihnen in lästerlicher Verhöhnung
den heiligen Sakramenten gegenüber einfiel,
gab es doch tatsächlich unter ihnen einen Hurensohn,
dem jedes Benehmen so völlig abging,
daß er ins Taufbecken schiß.
Und als sie wieder abzogen,
da folgte ihnen Bruder Konrad Sack[50],
der damals der Landkomtur war,
mit Unterstützung der Kulmer
und traf auf sie mitten in der Wildnis,
wo er aus der Hand der Litauer
die Leute und das Gut wieder löste,

dî sî hatten brâcht hin abe,
und irslûc sî allintsam,
daz nî keinre dannen quam,
der dâ heime mochte jên,
wî den andren wêr geschên.

* * * * *

W*î Kriwitzen wart gehert*

In des selbin jâres sweif,
dô der herbist sich angreif,
brûdir Heinrîch der marschalc
al sînem volke daz bevalc,
daz sî nâch im quêmen
unde mit in nêmen
zu vîr wochin spîse,
und vûr in gûtir wîse
ein reise zwâr vil strenge
von arbeit und von lenge
durch brûchir, uber wazzirvlût,
berc, tal, sant, durch puschis strût
und was ôt alsô herte
von manchim ungeverte,
daz nî swêrer hervart
getân ûz Prûzinlande wart
her dan von êrstin tagin,
sint dî brûdre pflâgin
daz selbe lant besitzin.
Dî vart was kegn Kriwitzin.
Nû lîzin sî durch gûten sin
zwei teil der spîse hindir in
an undirscheidner legge
durch dî virre der wegge,

das sie weggeschafft hatten;
und er erschlug sie samt und sonders,
so daß ihrer keiner davon kam,
der daheim hätte berichten können,
wie es den anderen ergangen war.

* * * * *

W*ie Kriwitzen verwüstet wurde*

Im Verlauf des gleichen Jahres[51],
als es in den Herbst ging,
befahl Bruder Heinrich, der Marschall[52],
allen seinen Leuten,
zu ihm zu kommen
und sich dabei für vier
Wochen Verpflegung mitzunehmen,
und er begab sich sodann gut gerüstet
auf einen harten Kriegszug
voller Mühe und langer Dauer
durch mooriges Gelände, über Gewässer,
Berg und Tal, durch Sand und Gestrüpp.
Und das war so anstrengend
durch mancherlei Ungemach,
daß keine beschwerlichere Heerfahrt
im Preußenland unternommen worden war,
seit den ersten Tagen,
da die Brüder
dieses Land in Besitz genommen hatten.
Der Zug ging gegen Kriwitzen.
Nun ließen sie in guter Überlegung
zwei Teile der Verpflegung zurück
in verschiedenen Depots
wegen der großen Wegstrecke,

ûf daz sî dâ siddir
sî vundin, sô sî widdir
quêmen an der abevart,
lâzende daz leste part
unde darzû dî soumêre,
als ich vornam dî mêre,
vil nâch nebbin Gartin,
unde vurbaz kartin
in daz lant Kriwitzin,
daz ouch sî mit vorwitzin
dô gewarnet vunden,
dâvon sich in den stunden
daz volc hatte behaldin
ûf vestin und in waldin,
sô daz ir lange reise
sî nâch gerndir vreise
nicht kegn der dît bewandin,
doch sî dî stat vorbrandin
Nôgarten dî cleine
und daz lant gemeine
darumme, daz dâ hôrte zû,
und nâmen ubir nacht dî rû
vor Kriwitz dem huise
dâ mit geschozzis suise
sich kegn den vîenden setzende
und vast einandir letzende.
Dâ wart geschozzin Diwan,
ein pomezênisch edilman,
daz er ûf dem wege starb.
Und dô dî reise sus vortarb,
daz her sich dannen wande
widir heim kegn lande
trûrig und an vroidin kranc,

damit sie sie später
zur Verfügung hätten, wenn sie
wieder auf dem Heimzug wären,
und sie ließen das letzte Teil
sowie die Saumtiere,
wie ich gehört habe,
ganz in der Nähe von Garten.
So zogen sie vorwärts
in das Gebiet von Kriwitzen,
das sie durch Vorausmeldung
gewarnt antrafen,
weswegen sich
das Volk auf feste Plätze
und in Wälder in Sicherheit gebracht hatte,
so daß sie ihre lange, auf
die Verbreitung von Schrecken bedachte Fahrt
nicht gegen die Bevölkerung kehren konnten,
jedoch die kleine Stadt
Nogarten abbrannten
sowie das umliegende Land,
das dazugehörte,
und sie ruhten über Nacht
vor der Burg Kriwitzen,
wo sie sich (am nächsten Tag) mit einem Geschoßhagel
gegen die Feinde wandten
und einander tüchtig Schaden zufügten.
Da wurde auch Diwan,
ein pomesanischer Edelmann, angeschossen,
so daß er unterwegs verstarb.
Und als der Kriegszug solchermaßen zum Mißerfolg wurde,
wandte sich das Heer von dannen
wieder heimwärts,
bedrückt und niedergeschlagen,

daz in dâ nicht baz gelanc.
Dô sî quâmen sô hin dan,
dâ sî hattin ê gelân
dî soumêre mit der kost,
dô wart ires trôstes pfost
zubrochin gar in schartin,
want Dâvid von Gartin
hât in irslagin drîzic man
unde gar genumen dan
alliz, daz dâ was gewesin,
des daz her solde genesin
an spîse und an gerête.
Ouch er genumen hête,
dâ wol vumfhundirt pfert
und gevûrt kegn Gartin wert.
Dâ hûb sich jâmir unde nôt,
want wênig îmant hatte brôt
odir andirre lîbnar.
Des was daz her betrûbit gar
unde mûtis irre.
Durch des wegis virre
in der wildin wûsten
sumelîche mûsten
dî pfert von hungir ezzin.
Manch vrechir helt vormezzin
wurzlen mûste grabin
und mit cruite labin
sîn lebbin vor des hungirs nôt.
Gnûg ir ouch gelâgin tôt,
der nâtûre was sô zart,
daz sî nicht der nerde hart
gedouwin mochtin noch impfân.
Doch grôzir hoffenunge wân

daß es ihnen nicht besser gelungen war.
Als sie nun wieder dahin kamen,
wo sie ihre Saumpferde
mit der Verpflegung zurückgelassen hatten,
da wurde ihres Trostes Stütze
ganz und gar in Stücken zerbrochen,
denn David von Garten
hatte ihnen inzwischen dreißig Leute erschlagen
und alles weggenommen,
was da vorhanden gewesen war
an Verpflegung und Ausrüstung, mit dem
sich die Truppe hätte weiterhelfen sollen.
Auch hatte er an die
fünfhundert Pferde erbeutet
und Richtung Garten weggeführt.
Da erhob sich Jammer und Not,
denn niemand hatte noch Brot
oder andere Lebensmittel.
Darüber war das Heer ganz betrübt
und mutlos.
Aufgrund des weiten Weges
in der öden Wildnis
mußten etliche
aus Hunger die Pferde essen.
Mancher tapfere und verwegene Krieger
mußte nach Wurzeln graben
und sein Leben aus Hunger
mit Blättern fristen.
Viele von ihnen starben auch,
deren Natur so empfindlich war,
daß sie die grobe Nahrung
weder aufnehmen noch verdauen konnten.
Große Hoffnung machten

hattin sî zu der andren stat,
dâ dî spîse was gesat.
Und dô sî dâhin quâmen,
nicht sî ouch dâ vornâmen
weddir dî luite noch dî kost,
dî sî dâ hatten abgetrost.
Iz was gar kegn lande wart,
want des heris widdirvart
hatte sich gezoggin vil
ubbir daz benante zil.
Des hattin dise ganzin wân,
sî wêrin alle dort vorgân,
und wârn dan geswundin.
Und dô sî nicht dâ vundin,
ô, welch irschreklîch smerze
vîl ûf ir allir herze!
want irre hoffenunge trôst
was zumâle nû vorôst.
Sî westin nicht waz anevân,
sundir sân einandir an
in bermelîchim blicke,
dâvon ouch schric zu schricke
sich eime von dem andrin bôt,
want ir antlitze, dî ê rôt,
vollic schînen unde clâr,
nû vorvallen und ertvar
wârn von grôzim mangele.
Doch in des hungirs angele
nîmant dem andren bôt irbarm,
want sî dâ glîche wâren arm.
Der sô herte gebreste
des volkis pînlîch preste
des marschalkis reinen mût,

sie sich nun hinsichtlich des zweiten Platzes,
an dem Verpflegung hinterlassen war.
Doch als sie dahin kamen,
fanden sie nichts mehr vor,
weder ihre Leute noch die Lebensmittel,
die sie dort gelagert hatten.
Es war alles weg Richtung Heimat,
denn die Rückkehr des Heeres
hatte sich über
den gesetzten Termin hinaus verzögert.
Deshalb waren jene der irrigen Meinung,
sie wären alle umgekommen,
und waren daraufhin abgezogen.
Als sie sie nun nicht mehr antrafen –
ach, welch furchtbarer Schmerz
legte sich allen aufs Herz.
Denn ihrer Hoffnung Zuversicht
war nun auf einmal dahin.
Sie wußten nicht, was sie machen sollten,
sondern warfen einander
erbarmungswürdige Blicke zu,
wodurch Schreck zu Schrecken
sich einem jeden über den anderen bot.
Denn ihre Gesichter, die vordem rot,
rund und schön ausgesehen hatten,
die waren jetzt eingefallen und
erdfarben vor großer Entbehrung.
Doch ob des Hungers Stachel
konnte niemand dem anderen Erbarmen schenken,
denn da waren sie alle gleich arm dran.
Das derart schlimme Darben
des Kriegsvolkes bedrückte quälend
das lautere Gemüt des Marschalls,

als an dem gotishelde gût
sich offenlîch irscheinte,
want er vil sêre weinte
und al dem here urloub gab,
daz iclîcher sô her ab,
swâ sî mochtin, drabeten,
dâ sî den lîb irlabeten.
Dô wart ein michil îlen,
sô daz bî zwênzic mîlen
manchir reit bî eime tage
heim kegn lande wart mit jage.
Sô was manchin vorbrochin
ir craft, dî nâch sechs wochin
kuim heim kumen mochtin
von dem, daz sî ûzzochtin,
und wârn von smachtis gewalt
sam ein besengit holz gestalt,
daz man sî kûm irkande,
want von Kriwitzinlande
wol hundirt mîle manic dein
zôch, daz er nî undirwein
brôt gesach noch brôts intbeiz;
dâvon ouch sint daz lebbin sleiz
manchim, sô er dî spîse intpfînc,
daz er zuhant dâvon vorgînc.

* * * * *

Von einem brûdre

In des selbin jâres vart
zu Kungisberc begraben wart
in dem covente brûdir Jân
ein Sachs, als ich vornumen hân,

wie sich an dem frommen Gottesstreiter
offenkundig zeigte,
denn er weinte heftig
und gab allem Heer die Erlaubnis,
daß jeder davon reiten konnte,
wohin er wollte,
um am Leben zu bleiben.
Da entstand ein großes Hasten,
so daß mancher an einem Tag
an die zwanzig Meilen ritt
und Richtung Heimat jagte.
Vielen war die Kraft geschwunden,
die sich nach sechs Wochen
dorthin nach Hause schleppten,
von wo aus sie aufgebrochen waren.
Sie sahen durch das gewaltige Schmachten
wie angekohltes Holz aus,
so daß man sie kaum erkannte,
denn vom Kriwitzenland
waren nicht wenige Krieger an die hundert Meilen
gezogen, ohne unterwegs
Brot gesehen geschweige gegessen zu haben.
Davon ist auch hinterher das Leben noch
manchem zerrissen, daß er nämlich vom Essen,
als er es endlich bekam, augenblicklich starb.

* * * * *

Von einem Bruder

Im gleichen Jahr[53]
wurde zu Königsberg im Konvent
begraben Bruder Jan,
ein Sachse, wie ich gehört habe,

genant von Gilwerstête.
Und dô den dennoch hête
dî werlt in iren bandin,
dô pflag er in schandin
und in sundin sîn lebbin
urbaren gar unebbin,
durch daz dî gotis zucht in warf
eins in eine sûche scharf,
dî an im wart sô dichte,
daz er zu jungist bîchte
und unsirs hêrren lîcham
mit dem heiligen ole nam.
Und swî er legge kranc,
doch sîn alde bôsheit dranc
in zu sulchir virne,
daz er eine dirne,
dî bin der sûch im dînen pflac,
unkûschlîch mit gewalt belac.
Und alzuhant dô daz irgînc
got den tûvelen vorhînc,
daz sî mit sam dem bet in ûf
hôge vûrtin in dî luf
und sus im sprâchin zû:
„Ô durftiger , wî turstis dû
in sô grôzir heilikeit,
dî alrêst was an dich geleit,
den mein sô lastirbêre
tûn kegn dîme schepfêre?“
Dî enggistlîche vorchte
an dem sundêre worchte,
daz er begonde schrîen
nâch hulfe an Marîen
und ir sulch gelubde bôt,

genannt von Gilberstedt.
Als den noch die Welt
in ihren Banden hielt,
da pflegte er in Sünde
und Schande sein Leben
gar schlecht zuzubringen,
weswegen ihn die Strafe Gottes
eines Tages in eine böse Krankheit warf,
die ihn so übel ergriff,
daß er zuletzt beichtete
und den Leib unseres Herren
mit dem heiligen Öl nahm.
Und obgleich er krank darniederlag,
drängte ihn doch seine alte Bosheit
zu solcher Sünde,
daß er ein Mädchen,
das ihn in seiner Krankheit pflegte,
wollüstig und mit Gewalt beschlief.
Und sobald das geschehen war,
erlaubte Gott den Teufeln,
daß sie ihn mitsamt seinem Bett
hoch in die Luft hinauf führten
und wie folgt zu ihm redeten:
„Oh, du Armseliger, wie wagst du es
im Stand so großer Heiligkeit,
die dir gerade erst zuteilgeworden ist,
dieses schandbare Unrecht
gegen deinen Schöpfer zu begehen?“
Die entsetzliche Furcht
bewirkte bei dem Sünder,
daß er zu Maria um Hilfe
zu schreien begann
und ihr das Gelübde gab,

gehulfe sî im ûz der nôt,
daz er wolde sich begebin
in des dûtschin ordin lebin.
Und als er den ordin inthîz,
zuhant der tûvil in vallin lîz
unvorsêrit in ein brûch,
want sîn Marîe hatte rûch.
Daz brûch was von genre stat
ein halbe mîle wol gesat,
dâ der tûvil in ûfnam.
Darnâch er zu Halle quam
in dî stat gerichte
und alle dî geschichte
den luiten offenbêrte
unde dî rede bewêrte
dâmit, want al daz bettegewant
man noch dort in dem brûche vant.

hülfe sie ihm aus der Not,
so wollte er die Lebensweise
des Deutschen Ordens annehmen.
Und kaum daß er den Orden gelobt hatte,
ließ ihn der Teufel
unversehrt in ein Moor fallen,
denn Maria hatte auf ihn acht.
Das Moor befand sich von jener Stelle,
da ihn der Teufel hochgenommen hatte,
etwa eine halbe Meile entfernt.
Danach kam er nach Halle
geradewegs in die Stadt,
und er machte all das Vorgefallene
den Leuten kund,
und er bewahrheitete seine Erzählung
damit, daß man das ganze Bettzeug
noch dort im Moor vorfand.

Zu dieser Ausgabe

Die *Kronike von Pruzinlant* des Nikolaus von Jeroschin umfaßt rund 28 000 Verse, von denen in der hier veranstalteten Auswahl nur wenig mehr als 2300 geboten werden. Mit ihnen läßt sich gleichwohl – so hofft jedenfalls der Herausgeber – ein zutreffender Eindruck von Autor und Werk vermitteln. Der mittelhochdeutsche Text ist der bis heute maßgeblichen, von Ernst Strehlke besorgten Ausgabe entnommen: *Di Kronike von Pruzinlant des Nicolaus von Jeroschin.* In: *Scriptores rerum Prussicarum. Die Geschichtsquellen der preussischen Vorzeit bis zum Untergange der Ordensherrschaft.* Herausgegeben von Theodor Hirsch, Max Töppen und Ernst Strehlke. Bd. 1. Leipzig 1861 (Neudruck 1965), S. 291–648.

Die in der vorliegenden Auswahl enthaltenen, durch Sternchen ***** voneinander getrennten Abschnitte entsprechen dort folgenden Versen:

S. 6–18:	V. 1786–2003
S. 18–34:	V. 3397–3636
S. 34–104:	V. 9885–10942
S. 104–112:	V. 13769–13922
S. 114–130:	V. 14709–14962
S. 130–142:	V. 20914–21095
S. 142–150:	V. 24362–24509
S. 150–154:	V. 25988–26041

Die beigefügte neuhochdeutsche Übersetzung hatte ihren Weg zwischen zwei Erfordernissen zu suchen: Sie sollte zum einen den Wortlaut des mittelhochdeutschen Originals korrekt wiedergeben, und sie sollte zum anderen und zugleich einen lesbaren neuhochdeutschen Text ergeben. Philologische Treue führt nicht selten zu einer hölzernen, wenn nicht ungenießbaren Übertragung, zu starke Bedachtnahme auf neuhochdeutschen Sprachgebrauch und neuhochdeutsche Stilerfordernisse hingegen zu einer unerlaubten Entfernung vom zu übersetzenden Ausgangstext. Der hier getroffene Kompromiß ist grundsätzlich um eine Vers für Vers korrespondierende Übersetzung bemüht, steht jedoch nicht an, gegebenenfalls von diesem Prinzip im Sinne neuhochdeutscher Syntax abzuweichen. Die von Nikolaus von Jeroschin in seine Verse aus Gründen des Reimes oder aus metrischer Bequemlichkeit in großer Zahl eingefügten Flickwörter sind bei der Übersetzung in der Regel unberücksichtigt geblieben.

In sparsamer Weise gemachte Anmerkungen beziehen sich auf Personen, Daten und Fakten, die in den abgedruckten Textpartien erwähnt werden, und sollen deren Verständnis erleichtern.

Anmerkungen des Herausgebers zum Text

1 Der Deutsche Orden (D. O.) ist als dritter der großen palästinensischen Ritterorden 1198/99 gegründet worden. Die Kürze der Zeit, in der aus der ursprünglichen Spitalsbruderschaft von Akkon ein Ritterorden wurde, erklärt sich durch die Förderung der neuen Gemeinschaft seitens der Staufer sowie auch daraus, daß die Regel von den beiden älteren Ritterorden übernommen wurde: im Hinblick auf den Heidenkampf die von den Templern, während der Orden sich im Hinblick auf die Hospitalspflege an die Johanniter hielt. Da der Orden über den Kreuzzugsablaß verfügen konnte und da eine Reihe prominenter Adliger ihn nicht nur förderte, sondern ihm auch beitrat, wuchs ihm auch außerhalb des Hl. Landes rasch ein zwar verstreuter, aber beträchtlicher Besitz zu – vor allem in Deutschland. Obwohl seinen Normen zufolge nicht auf deutsche Mitglieder beschränkt, war er, von Ausnahmen abgesehen, doch von Anfang an ein „deutscher" Ritterorden. Sein Name lautete in abgekürzter Form schon früh „Ordo Theutonicorum" oder ähnlich, während er sich in der offiziellen Form seines Namens auf das Marienspital in Jerusalem bezog: „Ordo fratrum hospitalis sanctae Mariae Theutonicorum Ierosolimitanorum".
Vgl. Hartmut Boockmann: Deutscher Orden. In: Lexikon des Mittelalters (LexMA). Bd. 3. München, Zürich 1986, Sp. 768–777.

2 Der thüringische Ministerialensohn Hermann von Salza, vierter Hochmeister des D.O. (1209–1239). Der Orden zog Nutzen vor allem aus dem diplomatischen Talent Hermanns, der sowohl am kaiserlichen als auch am päpstlichen Hof wohl angesehen war. Während seiner Amtszeit begann der rasche Aufstieg des D. O., nicht zuletzt infolge der Konsolidierung der Stauferherrschaft. Hochmeister bezeichnet den auf Leb-

zeiten gewählten obersten Leiter des D. O. mit Sitz in Akkon, später in Venedig (ab 1291), auf der Marienburg (ab 1309) bzw. in Königsberg (ab 1466).
Vgl. Johannes Voigt: Geschichte Preußens von den ältesten Zeiten bis zum Untergang der Herrschaft des Ordens. Bd. 2. Königsberg 1827, S. 68; Neue Deutsche Biographie (NDB). Bd. 8. Berlin 1969, S. 639f.; Helmuth Kluger: Hochmeister Hermann von Salza und Kaiser Friedrich II. Marburg 1987 (Quellen u. Stud. z. Gesch. d. D. O. Bd. 37), S. 20–30.

3 Konrad I., (polnischer) Herzog von Masowien (*1187, †1247). Die Aufforderung erfolgte im Winter 1225/26, nachdem bereits zwei Kreuzzüge (1218 und 1221–1223) fehlgeschlagen waren und besonders die nördlichen Teile von Herzog Konrads Herrschaftsgebieten unter Gegenstößen der Prussen (Preußen) zu leiden hatten.
Vgl. Woicek Ketrzynski: Konrad von Masowien und der Deutsche Orden. Lemberg, Gubrinowicz 1904; Kluger: Hochmeister Hermann von Salza (Anm. 2), S. 54–64.

4 Fratres militiae Christi de Livonia, Schwertbrüderorden, der in Livland den Heidenkampf aufgenommen hatte. Nach der Niederlage dieses Ordens in der Schlacht von Saulen (1236) wurden dessen Reste im Jahre 1237 mit dem D. O. vereinigt.
Vgl. Friedrich Benninghoven: Der Orden der Schwertbrüder. Köln, Graz 1965 (Ostmitteleuropa in Vergangenheit u. Gegenwart. Bd. 9).

5 Abgesandte waren Konrad von Landsberg und Otto von Saleiden.
Vgl. Voigt. Bd. 2,1827 (Anm. 2), S. 168.

6 Der Orden bemühte sich zunächst um Absicherung seiner in den zu erobernden Gebieten angestrebten selbständigen Machtherrschaft. Das Resultat waren ein Privileg Kaiser Friedrichs II. von 1226 (Goldbulle von Rimini) und eines des Herzogs von Masowien von 1230 (Kruschwitzer Vertrag). Konrad konnte die selbständige Herrschaft des Ordens nicht verhindern, zumal er mit der Gründung eines eigenen Ritterordens, des Ordens von Dobrin (1235 mit dem D. O. vereinigt) keinen Erfolg hatte. 1234 folgte die päpstliche Legitima-

tion (Bulle von Rieti) trotz der Interventionen des konkurrierenden Prussenbischofs Christian von Lekno (1215–1245).
Vgl. Hartmut Boockmann: Der Deutsche Orden. Zwölf Kapitel aus seiner Geschichte. 2. Aufl. München 1982, S. 78–92.

7 Zu Bischof Christian vgl. Anm. 6.

8 Matth. 19,27.

9 Jes. 51,3.

10 Hermann Balk, Landmeister von Preußen (1230–1239) und von Livland (1238/39). Der Landmeister-Titel bezeichnet den Vertreter des Hochmeisters in den Ordensländern Preußen und Livland.
Vgl. Voigt. Bd. 2, 1827 (Anm. 2), S. 180; NDB. Bd. 1, 1953 (Anm. 2), S. 559; LexMA. Bd. 1, 1980 (Anm. 1), Sp. 1379f.

11 Jos. 1,6.

12 Dietrich von Bernheim, Ordensmarschall von 1228–1244.
Vgl. Voigt. Bd. 2, 1827 (Anm. 2), S. 180.
Im D. O. gab es fünf zentrale Ämter: Großkomtur (Hausverwaltung), Marschall (Kriegswesen), Tressler (Finanzwesen), Trappier (Bekleidungswesen) und Spittler (Gesundheitswesen).
Vgl. Johannes Voigt: Namenscodex der Deutschen Ordensbeamten. Königsberg 1843 (1971), S. IX-XXVI.

13 Unklare Angabe; es kann sich jedenfalls nicht um den im Jahre 1233 von aufgebrachten Adligen erschlagenen Ketzerjäger Konrad von Marburg handeln, den einstigen Beichtvater der Landgräfin Elisabeth von Thüringen (*1207, †1231, bereits 1235 heiliggesprochen), über deren Grab der D. O., Rechtsnachfolger ihrer Marburger Stiftung seit 1234, die Elisabethkirche erbaute.
Vgl. Udo Arnold und Heinz Liebing (Hg.): Elisabeth, der Deutsche Orden und ihre Kirche. Marburg 1983 (Quellen u. Stud. z. Gesch. d. D. O. Bd. 18).

14 Besonders die frühen Deutschordensburgen hatten in erster Linie eine strategische Funktion. Ihre wehrtechnische Kraft verdankten die (Holzerde-) Burgen zum großen Teil einer gut gewählten Geländelage. Um gegenseitige Hilfeleistung und Zufuhr von Lebensmitteln zu sichern, wurden die Festungen

in Abständen von 35–45 km und entlang von Wasserwegen angelegt, auf denen Transporte möglich waren. Weichselabwärts erfolgten die Gründungen Vogelsang (1228?), Nessau (1230/31), Thorn (1231), Kulm (1232), Marienwerder (1233), Rheden (1234), Elbing (1237).
Vgl. Marian Arszynsky: Deutschordensburg. In: LexMA. Bd. 3, 1986 (Anm. 1), Sp. 914–917; Friedrich Benninghoven: Die Burgen als Grundpfeiler des spätmittelalterlichen Wehrwesens im preußisch-livländischen Deutschordensstaat. In: Die Burgen im deutschen Sprachraum. Bd. 2. Hrsg. v. Hans Patze. Sigmaringen 1976, S. 565–601.

15 Papst Gregor IX. (1227–1241) erließ im Januar 1230 einen feurigen Aufruf an die Ordensbrüder, den Kampf mutig zu beginnen. Im September desselben Jahres mußten die Dominikaner den Kreuzzug gegen die Prussen in Norddeutschland und Böhmen, Polen und Gotland verkünden.
Vgl. Marian Tumler: Der Deutsche Orden im Werden, Wachsen und Wirken bis 1400. Wien 1955, S. 38.

16 Zu den historischen Daten vgl. Anm. 10.

17 Die Prussen gehörten ebenso wie die benachbarten Litauer, wie die Kuren und wie die Letten der baltischen Völkergruppe an. Sie besiedelten zwar ein großes Gebiet, ungefähr das spätere Ostpreußen, aber die Siedlungsdichte in dieser Region war außerordentlich gering. Man nimmt an, daß das Land von etwa 170 000 Menschen besiedelt war. Diese auch für damalige Verhältnisse nicht sehr zahlreiche Bevölkerung war politisch nicht einheitlich organisiert, sondern lebte in einzelnen Stämmen (Kulmer Land, Löbau, Pomesanien, Pogesanien, Ermland, Natangen, Samland, Nadrauen, Galinden, Barten, Sudauen, Schalauen).
Vgl. Boockmann 1982 (Anm. 6), S. 76.

18 Ottokar II. Přemysl, König von Böhmen, Herzog von Österreich und Markgraf von Mähren (1253–1278). Hochmeister Poppo von Osterna war im Herbst 1254 in Böhmen gewesen und hatte dabei den Böhmenkönig für einen Kreuzzug nach Preußen gewonnen. Ottokar war in dieser Zeit der mächtigste deutsche Reichsfürst, und deshalb überließ der Hochmeister,

abweichend vom sonstigen Brauch, ihm auf dem Kreuzzug die Führung des Heeres.

Vgl. Fritz Gause: Der Deutsche Orden und die Gründung von Burg und Stadt Königsberg. In: Acht Jahrhunderte Deutscher Orden. Hrsg. v. P. Klemens Wieser. Bonn, Bad Godesberg 1967 (Quellen u. Stud. z. Gesch. d. D. O. Bd. 1), S. 137–142.

19 Markgraf Otto III. von Brandenburg (*1220, †1267).

20 Peter von Dusburg und Nikolaus von Jeroschin wissen nicht, daß König Ottokar von Böhmen selbst Herzog von Österreich und Markgraf von Mähren ist.

Vgl. Erich Zöllner: Geschichte Österreichs. 8. Aufl. Wien 1990, S. 112ff.

21 Im Jahre 1243 waren in Preußen vier Bistümer errichtet worden (Kulm, Pomesanien, Ermland und Samland). Zu den Bischöfen: Heidenreich von Kulm (1245–1262), Anselm von Ermland (1250–1264?) und Bruno von Schauenburg (1245–1281).

Vgl. Milos Kourie: Der Olmützer Bischof Bruno von Schauenburg und der Deutsche Orden. In: Acht Jahrhunderte D. O. (Anm. 18), S. 143–151.

22 Burchard von Hornhausen, Komtur von Königsberg (1255–1257) und Landmeister von Livland (1257–1260).

Vgl. Voigt. Bd. 3, 1828 (Anm. 2), S. 89ff. Komtur bezeichnet den Verwalter einer mittleren Organisationseinheit nach den von Landmeistern geleiteten großen Ordensgebieten.

23 Im Jahre 1249 hatte der päpstliche Legat Jakob von Lüttich im Christburger Vertrag den Frieden zwischen dem D. O. und den Prussen vermittelt. Der Vertrag sicherte den Prussen weitreichende Freiheitsrechte zu. Verpflichtungen waren: die Annahme des Glaubens, Abgabe des Zehnt, „friedliche Koexistenz“ mit dem D. O. und Beteiligung an den Kriegszügen des Ordens.

Vgl. LexMA. Bd. 2, 1983 (Anm. 2), Sp. 1907f.

24 Markgraf Johann I. von Brandenburg (*1220, †1266), Bruder Markgraf Ottos III., vgl. Anm. 19.

25 Gerhard von Hirzberg, Vize-Landmeister von Preußen unter dem Deutschmeister Dietrich von Grüningen (1257–1259).

Vgl. Voigt. Bd. 3, 1828 (Anm. 2), S. 115.

26 Der Tjost ist ein ritterlicher Zweikampf zu Pferd und mit Lanze. Das Turnier im engeren Sinne wurde von zwei mit Speeren bewaffneten Reitergruppen durchgeführt, deren Teilnehmer sich ihre Gegner suchten, um sie aus dem Sattel zu stechen und gefangen abzuführen. Der Buhurt ist eine ebenfalls in Masse, doch mit stumpfen Waffen gerittene und auf reiterliche Geschicklichkeit abgestellte Turnierart.
Vgl. Das ritterliche Turnier im Mittelalter. Hrsg. v. Josef Fleckenstein. Göttingen 1985 (Veröff. d. Max-Planck-Inst. f. Gesch. Bd. 80).

27 Hartmud (Hartmann) von Grumbach, Landmeister von Preußen (1259–1261).
Vgl. Voigt. Bd. 3, 1828 (Anm. 2), S. 154.

28 Papst Alexander IV. (1254–1261).

29 Die Jahresbuße wurde für eine „swerere schult" verhängt. Sie umfaßte Degradierung, niedere Dienste, Fasten, kirchliche Züchtigung, gegebenenfalls auch Kerkerhaft.
Vgl. Tumler 1955 (Anm. 15), S. 395f.

30 Vgl. Anm. 4. Mit Livland verfügte der D. O. über ein zweites Herrschaftsgebiet an der nordöstlichen Ostsee, und ebenso wie zunächst in Preußen stand auch hier ein Landmeister an der Spitze des Ordenszweiges. Im Unterschied zu Preußen waren jedoch die livländischen Bistümer unabhängig vom Orden. Auseinandersetzungen mit dem Erzbistum Riga sollten die Geschichte Livlands bis ins späte 15. Jahrhundert bestimmen; man vgl. auch in dieser Ausgabe weiter unten.
Vgl. Boockmann 1986 (Anm. 1), Sp. 773.

31 Auf litauischem Gebiet war dem Orden die Expansion nicht gelungen. Der Sieg, den Fürst Alexander Newskij 1242 über den Orden in der Schlacht auf dem Eise des Peipus-Sees erfocht, hatte den Weg weiter nach Nordosten endgültig blockiert. Im Süden erwies es sich dagegen als unmöglich, Litauen und das seinen westlichen Teil bildende Schemaiten zu erobern. So blieben Preußen und Livland durch ein keilförmig zwischen beide Länder gelagertes großes heidnisches Gebiet getrennt, an das sich weiter das ebenfalls heidnische Litauen

anschloß. Der D. O. hatte infolgedessen bis ins späte 14. Jahrhundert Grenzen mit einem heidnischen Volk gemeinsam und konnte dort seiner zentralen Aufgabe, dem Heidenkampf, nachgehen. Jahr für Jahr ist er zu Kriegszügen gegen die Litauer ausgezogen, und fast jedes Jahr kamen ihm Kreuzfahrer aus dem Reich und aus Westeuropa zu Hilfe (sog. Preußen- und Litauerreisen).
Vgl. Boockmann 1986 (Anm. 1), Sp. 773f.; Werner Paravicini: Die Preußenreisen des europäischen Adels. Sigmaringen 1989.

32 Ordensmarschall Heinrich Botel (1244–1260).
Vgl. Voigt. Bd. 3, 1828 (Anm. 2), S. 185; NDB. Bd. 2, 1955 (Anm. 2), S. 287f.

33 Es war Burchard von Hornhausen gelungen, eine Kriegsschar des Dänenkönigs Erich V. (Erik Klipping, 1259–1286) sowie eine kleinere Gruppe unter Herzog Karl von Schweden unter einer Fahne zu vereinigen. Reval war 1238 im Vertrag von Stenby zusammen mit anderen Schwertbrüder-Besitzungen an den dänischen König Waldemar II. gegangen.
Vgl. Tumler 1955 (Anm. 15), S. 292f. und 319.

34 Nikolaus von Jeroschin spielt hier auf die Makkabäer an, die für den D. O. vorbildlich waren; die ersten Abschnitte der Statuten des Deutschen Ordens (hrsg. v. Max Perlbach. Halle 1890) leiten die göttliche Bestätigung der geistlichen Ritterschaft aus Präfigurationen des Alten Testaments – das Beispiel der Makkabäer wird besonders hervorgehoben – ab.
Zur Makkabäer-Dichtung im D. O. vgl. Achim Masser: Bibel- und Legendenepik des deutschen Mittelalters. Berlin 1976, S. 78ff.

35 20. Juli.

36 Der Tag von Durben gehört mit dem Tag vom Peipus-See (vgl. Anm. 31) und von Tannenberg (15. Juli 1410) zu den großen Unglückstagen des D. O. Mit Durben war der Plan eines Großreichs, das die lettisch-finnischen Völker am baltischen Meer vereinigt hätte, zusammengebrochen.

37 Konrad von Feuchtwangen, Hochmeister (1290–1292).
Vgl. Voigt. Bd. 4, 1830 (Anm. 2), S. 60; NDB. Bd. 12, 1980 (Anm. 2), S. 515f.

38 Am Karfreitag 1249 während der Kreuzigungsandacht spricht der Gekreuzigte zu ihm; vgl. Nikolaus von Jeroschin, V. 8857–8914.

39 Vogtei bezeichnet neben den großen, mit starken Konventen versehenen Burgen kleinere Sicherungs- und Beobachtungsposten.
Zu Walrad vgl. Voigt. Bd. 3, 1828 (Anm. 2), S. 189.

40 Während der 1270er Jahre.

41 Nikolaus von Jeroschin spricht hier fälschlicherweise von Kulmsee.

42 Arnold Kropf, Komtur zu Birgelau (1270–1278).
Vgl. Voigt. Bd. 4, 1830 (Anm. 2), S. 297.

43 Witen, König von Litauen (1296–1312).

44 Bruno, Landmeister von Livland (1296–1298).
Vgl. Voigt. Bd. 4, 1830 (Anm. 2), S. 143.

45 1. Juni.

46 Gottfried von Hohenlohe, Hochmeister (1297–1303).
Vgl. Voigt. Bd. 4, 1830 (Anm. 2), S. 135; NDB. Bd. 4, 1964 (Anm. 2), S. 665.

47 Bertold Brühaven, Komtur zu Birgelau (1289–1302).
Vgl. Voigt. Bd. 4, 1830 (Anm. 2), S. 143.

48 29. Juni.

49 29. September.

50 Konrad Sack, Landkomtur von Kulmerland (1296–1298).
Vgl. Voigt: Namenscodex, 1843 (Anm. 12), S. 16.

51 Das heißt im Jahre 1314.

52 Heinrich Plotzke, Marschall (1312–1320).
Vgl. Voigt. Bd. 4, 1830 (Anm. 2), S. 355f.

53 Das heißt im Jahre 1324.

Zusätzliche bibliographische Hinweise

Arnold, Udo: Nikolaus von Jeroschin. In: Die deutsche Literatur des Mittelalters. Verfasserlexikon. Bd. 6. 2. Aufl. Berlin, New York 1978, Sp. 1081–1089.

Boockmann, Hartmut: Die Geschichtsschreibung des Deutschen Ordens. Gattungsfragen und „Gebrauchssituationen". In: Geschichtsschreibung und Geschichtsbewußtsein im späten Mittelalter. Hrsg. v. Hans Patze. Sigmaringen 1987, S. 447–469.

Eis, Gerhard: Deutschordensliteratur. In: Reallexikon der deutschen Literaturgeschichte. Bd. 1. 2. Aufl. Berlin 1958, S. 244–251.

Ders.: Die Literatur im Deutschen Ritterorden und in seinen Einflußgebieten. In: Ostdt. Wiss. 9 (1962), S. 56–101.

Erfen-Hänsch, Irene: Deutschordensliteratur. In: Lexikon des Mittelalters. Bd. 3. München, Zürich 1986, Sp. 917–919.

Helm, Karl und Walther Ziesemer: Die Literatur des Deutschen Ritterordens. Gießen 1951.

Johansson, Evald: Die Deutschordenschronik des Nikolaus von Jeroschin. Lund, Kopenhagen 1964 (Lunder Germanist. Forsch. Bd. 36).

Jungbluth, Günther: Literarisches Leben im Deutschen Ritterorden. In: Zur Geschichte des Deutschen Ordens. Studien zum Deutschtum im Osten. 5. Köln, Wien 1969, S. 27–51.

Richert, Hans-Georg: Die Literatur des Deutschen Ritterordens. In: Europäisches Spätmittelalter. Hrsg. v. Willi Erzgräber. Wiesbaden 1978 (Neues Handbuch der Literaturwissenschaft. Bd. 8).

Nachwort

Über das Leben des Nikolaus von Jeroschin weiß man nur wenig. Das Geburtsdatum ist so unbekannt wie das Jahr seines Todes, und auch über seinen Herkunftsort Jeroschin, nach dem er sich zubenennt, besteht keine Gewißheit. Insonderheit ist die bei Dichtern und Schriftstellern des Deutschen Ordens stets sehr interessierende Frage, ob sie im preußischen Ordensland oder irgendwo im Reich geboren wurden, im Fall von Nikolaus von Jeroschin nicht sicher zu entscheiden, auch wenn in der Regel angenommen wird, daß sein Geburtsort im Ordensland zu suchen sein wird. Die Sprache seiner Werke ist ostmitteldeutsch geprägt. Sicher ist, daß Nikolaus von Jeroschin Angehöriger des Ordens war, und zwar nicht als Ritter, sondern als Priesterbruder. Wann seine Aufnahme in den Orden geschehen ist, muß offen bleiben, doch erfolgte sie – nach eigenen Angaben – durch Gottfried von Heimberg. Dieser wiederum ist in den Jahren von 1326 bis 1329 als Komtur von Königsberg bezeugt. Sein Nachfolger in diesem Amt war Dietrich von Altenburg (1331–1335), der anschließend bis zum Jahre 1341 die Würde des Hochmeisters innehatte. In seiner Zeit war Nikolaus von Jeroschin – er sagt es wiederum selbst – als Kaplan tätig. An welchem Ort oder gegebenenfalls an welchen unterschiedlichen Orten er in dieser Stellung seinen Dienst verrichtete, sagt er hingegen nicht; obschon es nicht zwingend ist, so spricht doch manches für Königsberg. Die Schönheit der Kapelle auf der Marienburg erwähnt Nikolaus gegen Ende seiner *Kronike von Pruzinlant*. Wenn man das ernst nimmt und mithin auf den vollendeten, im Jahre 1344 geweihten Bau bezieht, von dem jeder Besucher beeindruckt war, so kann Nikolaus von Jeroschin jedenfalls erst zu einem späteren Zeitpunkt gestorben sein.

Die *Kronike von Pruzinlant*, die Nikolaus von Jeroschin geschaffen hat, ist die bearbeitende Umsetzung eines erst wenige Jahre zuvor entstandenen lateinischen *Chronicon terrae Prussiae* des Deutschordenspriesters Peter von Dusburg (Duisburg), mit dem die Historiographie im Bereich des Deutschen Ordens im eigentlichen Sinne ihren Anfang nimmt. Die Chronik ist in vier Bücher eingeteilt, in deren erstem er über die Anfänge und Geschichte des Deutschen Ordens vor seinem Ausgreifen nach Preußen handelt; im zweiten Buch berichtet er über die Umstände, die den Orden nach Preußen geführt haben sowie von den ersten kriegerischen Auseinandersetzungen mit den Heiden; das entscheidende dritte Buch gilt der Eroberung Preußens und im einzelnen den Kämpfen gegen die Litauer, während er es im abschließenden vierten Buch unternimmt, dieser Geschichte des Deutschen Ordens den großen welthistorischen Rahmen zu geben. Vermochte sich Peter von Dusburg bei der Abfassung seines Werkes in mancher Hinsicht – etwa für die Frühgeschichte des Deutschen Ordens – auch auf Schriftliches zu stützen, so verwertete er doch für die Darstellung der Eroberung Preußens in erster Linie mündliche Traditionen, zeitgenössische Berichte und persönlich Erlebtes. Er hat seine Chronik – sieht man von einem vier Jahre weiter reichenden Nachtrag ab – bis zum Jahre 1326 geführt und damit genau das bis dahin verstrichene Jahrhundert preußischer Ordensgeschichte erfaßt. Die Anfertigung der Chronik gerade in dieser Zeit ist kein Zufall. Gewiß hat Peter von Dusburg (im ersten Buch seines Werkes) zunächst einmal die Geschichte des Deutschen Ordens in der Zeit vor seinem Engagement in

Preußen behandelt, aber sein eigentliches Ziel ist doch die Darstellung der Ordensgeschichte in Preußen. Und da bestand in jenen Jahren für den Deutschen Orden guter Grund zu einem Rückblick in stolzer Befriedigung. Denn nach schweren Jahrzehnten wechselvoller Kämpfe, in denen Erfolge mit Rückschlägen und Niederlagen wechselten, war es geschafft, war das Land bezwungen, war der Ordensstaat stabilisiert. In solcher Zeit suchte gesteigertes Selbstbewußtsein nach entsprechender Selbstdarstellung, zumal jetzt auch und jetzt erst die für derartiges Tun erforderliche Muße vorhanden war. Die Darstellung, die Peter von Dusburg von den kriegerischen Auseinandersetzungen und Ereignissen in Preußen gibt, ist von einem tiefen Glauben an die heilige Sendung des Deutschen Ordens und der festen Überzeugung bestimmt, daß sich in den Erfolgen des Ordens im Kampf mit den Heiden als den Gottesfeinden ebenso wie in den Verlusten, Entbehrungen und Niederlagen, die er hinnehmen mußte, unmittelbar göttlicher Wille spiegelte. Zugleich verband Peter von Dusburg mit der Schilderung des harten und entsagungsvollen Daseins der vordem lebenden Ordensritter ganz deutlich die Absicht, die zeitgenössischen Ordensangehörigen zu mahnen, sich an dieser Haltung ein Beispiel zu nehmen, in einer vergleichsweise ruhigen Zeit dennoch nicht weniger streng die Regel zu befolgen und insbesondere in der Bereitschaft zum Kampf gegen die Heiden nicht nachzulassen.

Was in lateinischer Chronistik festgehalten wird, fügt sich in alte historiographische Traditionen und gewinnt für den jeweils abgedeckten Bereich zugleich offiziösen Charakter. Über Breitenwirkung und Nachhall ist damit nichts gesagt. Die Chronik Peters von Dusburg ist von vornherein und ausschließlich an lateinkundige Rezipientenkreise gebunden. Damit war es im Deutschen Orden verständlicherweise schlecht bestellt. In den Ordenskonventen konnte man in der Regel kein Latein, doch gerade hier sollte natürlich das hundert Jahre währende Wirken des Ordens in Preußen bekannt gemacht werden. Es kann deshalb nicht wundernehmen, daß schon recht bald jemand den Auftrag erhielt, das lateinische *Chronicon terrae Prussiae* Peters von Dusburg ins Deutsche zu übertragen und damit erst im eigentlichen Sinne für die Angehörigen des Deutschen Ordens nutzbar zu machen. Kein Geringerer als Luder von Braunschweig, der in den Jahren 1331 bis 1335 Hochmeister des Ordens war, erteilte diesen Auftrag, und zwar an Nikolaus von Jeroschin, der sich möglicherweise durch eine frühere Arbeit, eine in deutschen Versen abgefaßte Vita des heiligen Adalbert, für das Vorhaben als brauchbar zu empfehlen wußte. Wunschgemäß schuf Nikolaus von Jeroschin auf der Grundlage dieses *Chronicon terrae Prussiae* ein umfangreiches deutsches Werk, und zwar in der für die erzählende Literatur des deutschen Mittelalters gängigen Form, also in Reimpaaren. Von seiner lateinischen Vorlage ist er im großen ganzen nicht abgewichen, hat sich jedoch andererseits Umgruppierungen und Abweichungen in Einzelheiten geleistet, wobei Nebenquellen und fallweise auch vorhandene eigene Kenntnisse mit hineinspielen.

Der heutige Mensch erschrickt, wenn er die aneinandergereihten Berichte über die allseits grausam geführten Kriegszüge und Überfälle liest, Berichte, in denen nur von Raub und Brand und gnadenlosen Gewaltakten die Rede ist; er erschrickt zumal, wenn er bemerkt, daß die Chronisten – Peter von Dusburg wie Nikolaus von Jeroschin – an derlei Gewalttaten nichts auszusetzen haben, sofern sie nur an der heidnischen Bevölkerung verübt werden; er ist betroffen, daß es damals für zahlreiche Reichsfürsten und Herren eine fromme, mit Abwechslung und ritterlichem Treiben gekoppelte Übung war, mit Heeresgefolge nach Preußen zu ziehen, um hier Heiden aufzujagen und – nach Möglichkeit – zu vernichten. Ehe man hierüber ein Urteil abgibt, muß man sich freilich daran erinnern, daß anderwärts durchaus vergleichbare Verhältnisse herrschten; daß seit dem frühen Mittelalter in den verschiedensten Gegenden des sich formenden Europa Kriegszüge gegen Heiden und mancherlei häretische Bewegungen unternommen wurden, bei denen es niemals nur um Bekehrung, sondern stets auch um Eroberung und Unterwerfung, um Landgewinn, um Erweiterung bestehender oder Schaffung neuer Territorien und damit letztlich um die Grundlagen späterer europäischer Staatsgebilde ging. Es ist hier nicht der Ort, das zu verfolgen. Lediglich festzuhalten ist – und das jetzt wieder im Blick auf den Deutschen Orden –, daß nach dem zeitentsprechenden Selbstverständnis der Chronisten wie dem ihrer Auftraggeber alles in Ordnung war und daß sie insbesondere modernen Fragestellungen etwa nach der Berechtigung schrankenloser Eroberungskriege nicht zugänglich gewesen wären.

Luder von Braunschweig war nicht nur an der Übertragung der lateinischen Chronik Peters von Dusburg durch Nikolaus von Jeroschin interessiert. Er war ein kultivierter und gebildeter Mann, der selbst als Dichter hervortrat und der generell ein Förderer der sich in den Jahrzehnten seit dem späten 13. Jahrhundert entwickelnden Deutschordens-Literatur in deutscher Sprache war. Auch das hängt natürlich mit der angesprochenen Konsolidierung der politischen Verhältnisse zusammen. In der Hochmeisterzeit Luders von Braunschweig wie in der seines Nachfolgers, des schon erwähnten Dietrich von Altenburg, kulminierte diese geistige Entwicklung. Entsprechend dem Charakter und den hieraus folgenden besonderen Bedürfnissen des Deutschen Ordens ist der größte Teil dieser Literatur: Es dominieren Legenden- und Bibeldichtungen, bei denen wiederum die Bücher des Alten

Testaments im Vordergrund stehen. Derlei Dichtungen eigneten sich vorzüglich dazu, in den Ordenskonventen bei passender Gelegenheit, und das heißt in erster Linie bei den von der Regel vorgeschriebenen Tischlesungen, zu Gehör gebracht zu werden. Sie waren ebenso erbaulich, wie sie – wenn sie etwa von den gegen scheinbar übermächtige Feinde siegreichen Makkabäern erzählten – geeignet waren, leuchtende Vorbilder für Glaubensstärke und auf Gottvertrauen gründende Kampfmoral zu vermitteln.

Von einem hohen ästhetischen Niveau sind diese Dichtungen in aller Regel weit entfernt, wie ihre Verfasser nur selten – wie etwa Heinrich von Hesler – über poetisches Talent verfügten; sie vermochten nach erlernbaren Regeln Verse zu machen – sie deshalb „Dichter" zu nennen, fällt zuweilen schwer. Was uns diese Literatur interessant sein läßt, das ist ihre Thematik, das sind ihre Zielsetzungen, das ist der in ihr spürbar werdende geistige Aufbruch, das ist das hinter allem erkennbare Konzept, das ist – kurz gesagt – ihr spezifischer Charakter als Deutschordens-Literatur. Nikolaus von Jeroschin fügt sich hier problemlos ein. Wenn man gesagt hat, seine *Kronike von Pruzinlant* sei eines der besten Werke der Deutschordens-Literatur, so ist alles relativ, das heißt mit den genannten Einschränkungen zu verstehen. Völlig unabhängig davon ist die Frage der literarischen Nachwirkung, die im Fall der *Kronike von Pruzinlant* sehr beachtlich war: Nicht weniger als 20 Handschriften, davon die Hälfte aus dem 14. Jahrhundert, bezeugen die Beliebtheit dieses in den Deutschordensballeien sowohl in Preußen wie im Reich weitverbreiteten deutschen Werkes. Ja, während die lateinische Chronik Peters von Dusburg in Vergessenheit geriet, gewann die auf ihr fußende *Kronike von Pruzinlant* des Nikolaus von Jeroschin das Ansehen einer grundlegenden Darstellung der frühen Geschichte des Deutschen Ordens in Preußen und wurde als solche über das Mittelalter hinaus von späteren Geschichtsschreibern und Chronisten reichlich ausgebeutet. Auf diese Weise waren ihr Einfluß und ihre Nachwirkung noch wesentlich stärker und anhaltender, als die bedeutende Zahl überlieferter Handschriften ohnehin erkennen läßt. Heute freilich wissen nur die wenigsten noch etwas mit Nikolaus von Jeroschin zu verbinden. Das läßt sich weder ändern noch wird man es beklagen wollen. Es ist folglich nicht die Absicht der hier vorgelegten kleinen Werkauswahl, dem Deutschordenspriester Nikolaus von Jeroschin zu neuem Ruhm zu verhelfen. Wohl aber möchte sie an einen deutschen Autor des späten Mittelalters erinnern, der einst mit seiner *Kronike von Pruzinlant* weite Anerkennung fand und dessen Werk bis zum Ende des 17. Jahrhunderts die Geschichtsschreibung über die Entwicklung des Deutschen Ordens in Preußen maßgeblich mitbestimmt hat.

Achim Masser

Inhaltsverzeichnis

Kronike von Pruzinlant – Chronik des Preußenlandes